两希文明哲学经典译丛

包利民 章雪富 主编

论摩西的生平

[古罗马] 斐 洛 著

石敏敏 译

Philosophical Classics of Hellenistic-Roman Times

中国社会科学出版社

图书在版编目（CIP）数据

论摩西的生平／（古罗马）斐洛著；石敏敏译 . —北京：中国社会
科学出版社，2017.8（2022.6重印）
（两希文明哲学经典译丛／包利民　章雪富主编）
ISBN 978-7-5161-7989-5

Ⅰ.①论…　Ⅱ.①斐…②石…　Ⅲ.①犹太教—宗教史—研究
Ⅳ.①B985

中国版本图书馆 CIP 数据核字（2016）第 074832 号

出　版　人　赵剑英
责任编辑　凌金良　陈　彪
责任校对　王佳玉
责任印制　张雪娇

出　　　版　中国社会科学出版社
社　　　址　北京鼓楼西大街甲 158 号
邮　　　编　100720
网　　　址　http：//www.csspw.cn
发 行 部　010 - 84083685
门 市 部　010 - 84029450
经　　　销　新华书店及其他书店

印刷装订　环球东方（北京）印务有限公司
版　　　次　2017 年 8 月第 1 版
印　　　次　2022 年 6 月第 2 次印刷

开　　　本　650×960　1/16
印　　　张　13.5
插　　　页　2
字　　　数　186 千字
定　　　价　39.00 元

2016 年再版序

我们对哲学的认识无论如何都与希腊存在着关联。如果说人类的学问某种程度上都始于哲学的探讨,那么也可以说,在某种程度上我们都是希腊的学徒。这当然不是说希腊文明比其他文明更具优越性和优先性,而只是说人类长时间以来都得益于哲学这种运思方式和求知之道,希腊人则为基于纯粹理性的求知方式奠定了基本典范,并且这种基于好奇的知识探索已经成为不同时代人们的主要存在方式。

希腊哲学的光荣主要是与苏格拉底、柏拉图和亚里士多德联系在一起。这套译丛则试图走得更远,让希腊哲学的光荣与更多的哲学家——伊壁鸠鲁、西塞罗、塞涅卡、爱比克泰德、斐洛、尼撒的格列高利、普卢克洛、波爱修、奥古斯丁等名字联系在一起。在编年史上,他们中的许多人已经是罗马人,有些人在信仰上已经是基督徒,但他们依然在某种程度上,或者说他们著作的主要部分仍然是在续写希腊哲学的光荣。他们把思辨的艰深诠释为生活的实践,把思想的力量转化为信仰的勇气,把城邦理念演绎为世界公民。他们扩展了希腊思想的可能,诠释着人类文明与希腊文明的关系。

这套丛书被冠以"两希文明哲学经典译丛"之名,还旨在显示希腊文明与希伯来文明的冲突相生。希腊化时期的希腊和罗马时代的希腊已经不再是城邦时代的希腊,文明的多元格局为哲学的运思和思想的道路提供了更广阔的视域,希腊化罗马时代的思想家致力于更具个体性、时间性、历史性和实践性的哲学探索，更倾心于在一个世俗的世界塑造一种盼望的降临，在一个国家的时代奠基一种世界公民的身份。在这个时代并且在后续的世代，哲学不再只是一个民族的事业，更是人类知识探索的始终志业；哲学家们在为古代哲学安魂的时候开启了现代世界的图景，在历史的延续中瞻望终末的来临，在两希文明的张力中看见人类更深更远的未来。

十年之后修订再版这套丛书，寄托更深！

是为序！

包利民　章雪富
2016 年 5 月

2004 年译丛总序

西方文明有一个别致的称呼，叫做"两希文明"。顾名思义是说，西方文明有两个根源，由两种具有相当张力的不同"亚文化"联合组成，一个是希腊—罗马文化，另一个是希伯来—基督教文化。国人在地球缩小、各大文明相遇的今天，日益生出了认识西方文明本质的浓厚兴趣。这种兴趣不再停在表层，不再满意于泛泛而论，而是渴望深入其根子，亲临其泉源，回溯其原典。

我们译介的哲学经典处于更为狭义意义上的"两希文明时代"——即这两大文明在历史上首次并列存在、相遇、互相叩问、相互交融的时代。这是一个跨度相当大的历史时代，大约涵括公元前 3 世纪到公元 5 世纪的 800 年左右的时间。对于"两希"的每一方而言，都是一个极具特色的时期，它们都第一次大规模地走出自己的原生地，影响别的文化。首先，这个时期史称"希腊化"时期；在亚历山大大帝东征的余威之下，希腊文化超出了自己的城邦地域，大规模地东渐教化。世界各地的好学青年纷纷负笈雅典，朝拜这一世界文化之都。另外，在这番辉煌之下，却又掩盖着别样的痛楚；古典的社会架构和思想的范式都在经历着剧变；城邦共和体系面临瓦解，曾经安于公民德性生活范式的人感到脚下不稳，感到精神无所归依。于是，"非主流"型的、非政治的、"纯粹的"哲学家纷纷涌现，企图为个体的心灵宁静寻找新的依据。希腊哲学的各条主要路线都在此时总结和集大成：普罗提诺汇总了柏拉图和亚里士多德路线，伊壁鸠鲁/卢克来修汇总了自然哲学路线，怀疑论汇总了整个希腊哲学中否定性的一面。同时，这些学派还开出了与古典哲学范式相当不同的，但是同样具有重要特色的新的哲学。有人称之为"伦理学取向"和"宗教取向"的哲学，我们称之为"哲学治疗"的哲学。这些标签都提示了：这是一个在剧变之下，人特别关心人自己的幸福、宁静、命运、个性、自由等的时代。一个时代应该有一个时代的哲学。那个时代的哲学会不会让处于类似时代中的今人感到更多的共鸣呢？

与此同时，东方的另一个"希"——希伯来文化——也在悄然兴起，逐渐向西方推进。犹太人在亚历山大里亚等城市定居经商，带去独特的文化。后来从犹太文化中分离出来的基督教文化更是日益向希腊—罗马文化的地域慢慢西移，以至于学者们争论这个时代究竟是希腊文化的东渐，还是东方宗教文化的西渐？希伯来—基督教文化与希腊文化是特质极为不同的两种文化，当它们最终相遇之后，会出现极为有趣的相互试探、相互排斥、相互吸引，以致逐渐部分相融的种种景观。可想而知，这样的时期在历史上比较罕见。一旦出现，则场面壮观激烈，火花四溅，学人精神为之一振，纷纷激扬文字、评点对方、捍卫自己，从而两种文化传统突然出现鲜明的自我意识。从这样的时期的文本入手探究西方文明的特征，是否是一条难得的路径？

此外，从西方经典哲学的译介看，对于希腊—罗马和希伯来—基督教经典的译介，国内已经有不少学者做了可观的工作；但是，对于"两希文明交汇时期"经典的翻译，尚缺乏系统工程。这一时期在希腊哲学的三大阶段——前苏格拉底哲学、古典哲学、晚期哲学——中属于第三阶段。第一阶段与第二阶段分别都已经有了较为系统的译介，但是第三阶段的译介还很不系统。浙江大学外国哲学研究所的两希哲学研究与译介传统是严群先生和陈村富先生所开创的，长期以来一直追求沉潜严谨、专精深入的学风。我们这次的译丛就是集中选取希腊哲学第三阶段的所有著名哲学流派的著作：伊壁鸠鲁派、怀疑派、斯多亚派、新柏拉图主义、新共和主义（西塞罗、普鲁塔克）等，希望为学界提供一个尽量完整的图景。同时，由于这个时期哲学的共同关心聚焦在对"幸福"和"心灵宁静"的追求上，我们的翻译也将侧重介绍伦理性—治疗性的哲学思想；我们相信哲人们对人生苦难和治疗的各种深刻反思会引起超出学术界的更为广泛的思考和关注。另一方面，这一时期在希伯来—基督教传统中属于"早期教父"阶段。犹太人与基督徒是怎么看待神与人、幸福与命运的？他们又是怎么看待希腊人的？耶路撒冷和雅典有什么干系？两种文明孰高孰低？两种哲学难道只有冲突，没有内在对话和融合的可能？后来的种种演变是否当时就已经露出了一些端倪？这些都是相当有意思的学术问题和相当急迫的现实问题（对于当时的社会和人）。为此，我们选取了奥古斯丁、斐洛和尼撒的格列高利等人的著作，这些大哲的特点是"跨时代人才"，他们不仅"学贯两希"，而且"身处两希"，体验到的张力真切而强烈；他们的思考必然有后来者所无法重复的特色和原创性，值得关注。

以上就是我们译介"两希文明"哲学经典的宗旨。

另外，还需要说明两点：一是本丛书中各书的注释，凡特别注明"中译者注"的，为该书中译者所加，其余乃是对原文注释的翻译；二是本译丛也属于浙江大学跨文化研究中心系列研究计划之一。我们希望以后能推出更多的翻译，以弥补这一时期思想经典译介之不足。

包利民　章雪富
2004 年 8 月

目　录

中译者导言

斐洛是希腊化时期犹太哲学的代表性人物。[①] 他从生活在散居地的犹太人的角度思考如何诠释希伯来经典才能够得到当时地中海世界其他民族（希腊、罗马、埃及、波斯）的认同，从而为犹太人生活在异乡确立合法的思想空间。斐洛"谈古"（摩西五经）以"论今"（公元 1 世纪前后的地中海世界），从希伯来文化视野的角度论说融通希腊文化，成为后续西方思想家推进欧洲文明形成的标志性人物。

本书由斐洛的三篇作品构成，即《论亚伯拉罕》《论约瑟》和《论摩西的生平》。前两篇较短，是斐洛一个系列作品里面的两篇，介于其间的另外两篇即《论以撒》和《论雅各》，均已亡佚。按斐洛的解释，亚伯拉罕、以撒、雅各和约瑟这四位犹太人的列祖分别代表四种不同的生平典范，亚伯拉罕代表通过教导成全美德的典范，以撒代表从本性靠自修成全美德的典范，雅各代表经过践行实现美德的典范，而约瑟代表政治家的完美形象。摩西则不是一种形象和典范，他是集四种完全的身份于一身的典范：他是伟大的王、立法者、大祭司和大先知。

---

① 有关斐洛生平及其思想形态的详细情况可参看章雪富《斐洛思想导论》（第一卷）第一章，中国社会科学出版社 2006 年版。

一

《论亚伯拉罕》就按寓意解经法从"第一人"以挪士说起，认为摩西之所以称他为真正的人，是因为他信靠"盼望"，这是通向美德之路的第一步。第二步是悔改，体现在第二人以诺身上。悔改之后是完全人挪亚的"安宁"或"公正"。这是人走向完全美德的步骤，也是灵魂的不同样式：盼望者是不完全的，他渴望美德，但还没有获得美德；悔改者从恶走向善，终于被神接走，转入美德；完全人则从一开始就是完全的。然而这只是斐洛深入讨论的引子。斐洛的主题是要谈论"更伟大的三人组"，与之相比，"前者如同孩子们的学习，后者则如同运动员的训练，他们预备的是真正神圣的比赛"。这三人就是亚伯拉罕、以撒和雅各，"分别代表藉教导、本性和践行获得美德"。斐洛认为，摩西将这三人放在一起，名义上是讲人，实质上是讲美德，故而他们有"美惠三神"之称。

亚伯拉罕的一生就是追求最高最大的美德——敬虔——的一生。他对敬虔的追求首先体现在他对神的命令的绝对服从。神叫他离开本国、本民，他就毫不犹豫地立即出发。当然这是灵魂上的移居，是有寓意的，也就是"热爱美德的灵魂"开始真正地追寻真神。因为迦勒底人热衷于占星术、天文学，只能看到天象，看不到真神。若不离开此地，抛弃这个民族的学问，就不可能接近真神。于是他离开迦勒底，来到哈兰，他的心灵第一次恢复了视力，具备了从哈兰这个"洞孔"隐约看见神的能力，神就向他显现。后得改名，从亚伯兰改为亚伯拉罕，从占星学家变为追求美德的贤人。神命令他进入旷野，因为寻求神的人必须离群索居，才能提升自己的理性，凝视世界的创造者。接下来斐洛解释了亚伯拉罕带妻子下埃及的遭遇，表明神对他们的眷顾，也从寓意上解释为对美德的颂扬。接着斐洛对亚伯拉罕接待神的三位使者作了详尽的寓意解释，一方面突出亚伯拉罕因好客以及更大的美德敬虔而得着神的福祉，另一方面解释了神的三一异象，中心那位是自有永有者，两边是他的两种神能，即左边的管理者和右边的仁慈者，这三一真体以不同的方式向不同的人显现。所以神以三位的形象向贤人显现，而在惩治所多玛的时候只显现两位，中心那位没有出面。这两位即两神能，一个使人得益，一个叫人受罚，于是五座繁华的城邑四座被烧毁，一座留下。这五城对应我们的五官，其中视觉器官眼睛是特别受惠的，其他四官都代表情欲，必须毁灭。亚伯拉罕之所以得着神的恩惠，是因为他的种种行为表现出敬虔的美德，最能体现这种美德的故事就是献他的独生子以撒。接下来斐洛又讲了两件事，以说明亚伯拉罕为人处世的美德，一件是处理与侄子之间的纠纷，这体现的是他的良善和明智；另一件是为救侄子与九王争战，这体现了他的勇气和智慧。当然从寓意上理解，这是理性得到美德的装备，在神大能的帮助下，轻易胜过四种激情和五个感官，即一切可朽的事物。最后妻子死了，他信靠神，以理性战胜了忧伤，表现出自制的美德。"信靠神是一种确定可靠的善。"亚伯拉罕的一生就是坚定地信靠神，得神教诲，成全美德，以至于斐洛说他本人就是一部不成文的律法。

二

《论约瑟》副标题是"一个政治家的一生"。约瑟成为政治家的第一个才能就是年轻时训练而成的牧羊技能。约瑟作为雅各晚年所生的儿子，从小就有高贵的气质，深得父亲喜爱，却遭哥哥们的嫉妒，被他们卖给商人，商人又把他带到埃及卖给国王的一个内臣。按斐洛的寓意解释，约瑟的意思是"主的附加物"，即他作为一个政治家是在按自然本性生活的人的一种身份上的附加。他穿的彩衣也比喻政治生活的斑驳陆离，变化无常；他被卖，预示当他将来作为受欢迎的演说家登上讲台时，就如受束缚的奴仆，表面上百般尊荣，实际上成为一千个主人的俘虏；他成了野兽的腹中食，也就是说，虚荣潜伏在暗处，只要沉溺其中就被这头野兽撕毁。他被转卖，这是说政治家总是朝三暮四，变换主人。

约瑟在埃及主人家表现出家政上的管理才能，这是他作为政治家的第二个能力。接下来要表现的能力是他的自控能力，这充分体现在他对待女主人千方百计地诱惑他的态度上。他没有接受引诱，受到诬告被下监时也没有力图辩解。这个故事的寓意是，买了政治家的这个内臣，即阉官，比喻盲目的大众，阉人还娶妻，就是大众追求欲望，就如男人追求女人；他还是大厨，就如一个民主体制里蜂拥在一起的人群；大众的欲望就像淫荡的女子，向政治家示爱，要求他抛弃与真理有关的一切，只服从她，取悦于她。因为约瑟是位真正的政治家，他清醒地知道自己的身份、地位、职责，知道如何才能维护人民的真正福利，所以他宁愿受磨难也毫不妥协。

约瑟在牢里以高贵品质感染周围的人，以智慧的话语教诲囚徒，成了实质上的牢头，使监狱成了感化院，这也体现出他的政治能力。后来在为国王的两位内臣酒长和膳长解梦上表现出预言天赋，受召来到国王面前，为国王解梦，深得国王赏识，委以管理全埃及的重任。斐洛认为，政治家必是一个解梦者，不是一般的梦，而是人的生活，人的身体以及身体上的一切事物岂不就是充满混乱、无序和不确定的梦吗？睡着的是做夜梦，醒着的是做白日梦，政治家就来揭示梦的真相，指明善恶、好坏、美丑、有益无益，诸如此类。

约瑟成为管理全埃及的宰相之后，斐洛详尽地议论了十兄弟籴粮的故事。由于饥荒遍地，约瑟的父亲就派十个儿子下埃及籴粮，约瑟见了十个哥哥，他们害他几乎丧命，却没有报复，但想要考验他们是否有悔改之心（或者更准确一点说想要引导他们悔改），于是把他们当做奸细，从中挑了一个当人质，让其余的回去带最小的兄弟就是约瑟的胞弟来，同时吩咐人把粮食装满他们的器具，把银子放在他们口袋里。十兄弟回家后把原委对父亲说了，父亲满心悲伤地把小儿子交给他们带去埃及。这次他们受到了宰相的热情接待，得以与他同饮。但约瑟还没有与他们相认，他想要考验他们。送他们回去时，命人悄悄地把自己的银杯放在他弟弟的米袋里。正当他们满怀欢喜时，约瑟的家人追上他们，搜出银杯，指控小童盗窃，判他为奴受罚。此时老四站出来为他辩解，并勇敢承担责任，愿为小童代罚为奴。到此为止，约瑟相信他的种种试探、考察都有了最后结论，即他自己的经历，小时候的苦难很可能是出于神的安排，是神借他们之手这样做的。于是他与兄弟们相见，尽诉亲情。兄弟们大赞他的美德：宽宏大量、重视亲情、审慎明智，不怨恨、不报复，沉默、自制，正直、高贵、善良。最后合颂他最高的美德即敬虔，把一生最高的功名归于神。最后他父亲死了，兄弟们怕他还心存芥蒂，就来到他面前请求宽恕，他说："我是属于神的，他把你们邪恶的计划转变为丰富的祝福。"他活了一百一十岁，十七年在父亲家，十三年受苦，八十年在全盛中治理国家。这是一个真正的政治家的一生。

三

《论摩西的生平》分为两卷。第一卷描写作为王的摩西。从他出生、被埃及公主收养、在王宫里受教育开始叙述，突出他未被表面的尊荣迷惑，热心于自己同胞和祖先的修养和文化，以至于杀死了残暴野蛮的工头，退隐到阿拉伯半岛，听从自己灵魂的召唤，要为正义，为弱者争战。于是一看到有恶牧人欺负软弱的女孩子，就挺身而出，不是用武力，而是用言语折服他们，使他们改邪归正。摩西娶妻后，就接受看管羊群的担子，这是作为管理人的王的第一课。他在管理羊群上表现出卓越的才能，从不推卸责任，在履行职责中保持纯洁的心和无伪的真诚。然后，神给他显示了异象：荆棘在火中燃烧，却没有烧毁；又用神谕敦促摩西要担当起管理整个民族、领百姓得解放、出埃及回到另一个家的重任。摩西就回到埃及，召集以色列长老，告知神谕，商定向国王提出离开埃及到旷野去向他们的神献祭的要求，但国王不认识这位神，断然拒绝；摩西向他显神迹奇能，也没有改变他不敬的态度，于是神就借摩西和他兄长之手降下十灾，最终以色列人得以离开埃及。摩西本着他的良善、高贵和博爱之心，被以色列人推举为领袖，也得神赋予他王位，赐给他世界的各种自然物做他的助手。所以他一路上所行的神迹不足为奇，不论是云柱引路、过红海、苦水变甜水、天降吗哪、磐石出水，还是与敌人征战得胜，都是神的应许。在即将进入应许之地前，摩西派探子去视察那地，然而在报告中又出现了对神大不敬的观念，为此，这个民族又在旷野流浪了三十八年，到第四十年再次来到应许之地的边境，经过诸多争战，才做好了进入应许之地的充分准备。

第二卷描述作为立法者、大祭司和先知的摩西。摩西作为立法者具备四大心灵条件：爱人类、爱公正、爱美德、恨邪恶。摩西是所有国家的立法者中最出色的，他所立的律法，不仅犹太人，其他民族，只要是重视美德的，都予以重视和荣耀，比如圣七日、斋戒日等，而且其圣洁无与伦比，以至于希腊人也立志将它翻译为希腊语，这是对立法者的高度称颂。而律法书本身的内容更表明了这位立法者的伟大品质。作为大祭司，他不仅具备最重要的品质，即敬虔，而且自己的身体和灵魂都得了洁净，所以他在西奈山上得到神关于祭司职责之奥秘的指示，下山后以物质形式仿造圣殿造出会幕，及会幕里的一切设施、器具。然后又精心设计了大祭司的衣袍和祭司的服饰，规定了祭献的规程。最后要将人分别出来，利未人被拣选出来祝圣为祭司支派，并借神迹证明（大祭司亚伦的权杖上开花结果）这一支派是因美德而为神所喜悦的。最后摩西作为先知，或者与神问答，或者受神默示，得预见能力，对将来之事说预言。斐洛举了一些典型的例子，比如对大不敬之人，对违背圣七日之人的惩罚方式，对孤女的继承权问题的处理，过红海时的预言，关于食物的预言，关于安息日的预言，以及当祭司受到不敬者攻击时，他借圣灵所说的预言，话一说完就应验了。最后，他又预言了自己的死以及死后的埋葬和纪念等。总之，摩西的一生就是作为王、立法者、大祭司和先知的一生。

斐洛关于亚伯拉罕、约瑟和摩西的讨论具有浓厚的处境性，三篇著作体现出 1 世纪的犹太人再次如其列祖那样在埃及生活并且出埃及的叙事形态。然而斐洛更新了这种叙事的话语内涵，突出地从普世主义的角度诠释摩西五经本有的犹太民族身份与生存原则的关联，把犹太人的神表述为普世的神，再把犹太人置于优先的地位，强调文化汇合时期犹太宗教、道德、生活习俗在万世中的优先价值。表面上这种文化的归结被斐洛表述为政治哲学以及政治家的身份，实质上却是回应犹太人如何以普世主义的态度在散居地坚守犹太人身份的话题。

本书依据 Loeb 丛书斐洛著作集第六卷的希英对照本翻译，得到温思卡教授的指点以及笔者所在的工作单位浙江工商大学公共管理学院的支持，特此致谢。斐洛的著述目录本无细目，均由笔者加添，不当之处，恳请大家指正。

石敏敏
2003 年 9 月

第 一 篇

论亚伯拉罕

这是一位因着教导而得完全的贤人的生平事迹，也可以说是关于不成文律法的第一本书。

1. 记载神圣律法的五卷书中的第一卷取名为《创世记》，它开篇就包含对创世或世界受造的叙述。此卷虽以这一题目为名，书中却同时记载了其他数不胜数的事。比如，它论及和平与战争，多产和不育，匮乏和丰富；火与水如何毁灭地上之物①；另外，植物和动物又怎样产生，怎样在空气的温和调节与四季的更替循环中繁衍生息；人也是这样，有的人过着美德的生活，有的人过着邪恶的生活。由于这些事有的本身就是世界的构成部分，有的是临到世界的事件，世界乃是包括所有这一切的完整大全，因而，他就把整卷书题献给它。

我们在前一篇作品②里已经尽我们所能详细地阐述了世界受造之秩序的故事。但我们必须以常规的顺序考察律法，所以我们得迟一点再思考具体律法，可以说，具体律法是副本，首先要考察那些更为普遍，可以称为那些副本之原本的律法。这些律法其实就是过着良善而毫无瑕疵生活的人，他们的美德永远记载在最神圣的《圣经》里，这不只是为了赞美他们，还为了教导读者，激励读者追求同样的生活；因为在这些人身上，我们看到了饱含生命和理性的律法。摩西（Mose）赞美他们出于两个原因。首先，他希望表明，制定的法令并非与自然本性相悖；其次，表明那些立志按律法生活的人其实并非承担了什么艰难的任务，因为在没有任何以书面形式制定出来的成文律法之前的初民非常轻松地

① 即洪水及所多玛和俄摩拉的毁灭。斐洛把这两者归在一类，忽略后者完全是地区性的特点。比较他在《论摩西的生平》ii. 52—65 里对两者的讨论。

② 即《论创世》。

遵守着非成文律法，因而我们完全可以说，成文律法不是别的，就是关于古人的历史记载，把他们真实的话语和行为保存下来，传给后代。他们并不是学者，也不是某人的学生，他们也没有师从谁学习什么该说、什么该做；他们所倾听的是自己的声音，所遵循的是出于自己的教导；他们欣然接受与自然一致的事物，认为自然本身就是最可敬的法令（事实确实如此），因而他们的一生就是快乐地顺从律法的一生。他们不做出于自己意志或目标的犯罪行为。万一偶然做了错事，他们就祈求神的怜悯，恒切祷告，求他息怒，因而在两个领域，包括经预先考虑而做出的行为上和非出于自由意志设计的行为上，都得到正确引导，保证有完全的生活。

2. 既然拥有祝福的第一步是盼望，盼望就像一条大路，是靠爱美德的灵魂在渴望获得真德性时所建造而开启的，所以摩西称第一位盼望的热爱者为"人"，把这个也表示整个类的名字作为特殊的恩惠赐给他（在迦勒底语里①，人就是以挪士），因为唯有他是一个指望美好事物并坚定地信靠令人安慰的盼望的真正的人。② 这清楚地表明，在他看来，一个没有盼望的人不是真正的人，只是有着人的外形的兽，因为这样的人丧失了人心最亲近、最珍贵的财富，即盼望。因而，他希望把最高的赞美给予心怀盼望者，于是先说他心怀对万物之父和造物主的盼望，然后说："这是关于人类产生的书卷。"尽管当初列祖列父早已产生，但摩西认为他们只是混合族类的祖先，唯有以挪士是那滤去了一切不洁，真正是有理性的人类的祖先。正如我们因荷马（Homer）的杰出，称他为"诗人"，尽管除他之外还有众多的诗人；把我们用来书写的物质称

---

① 斐洛在这些作品里常常把"迦勒底语"（Chaldean）用作希伯来语的同义词。

② 这一论点基于《创世记》4：26（七十子希腊译本）"他给他起名叫以挪士；他盼望求告耶和华神的名"（英译本"那时候，人才求告耶和华的名"），也基于希伯来韵文里以挪士（Enos）意指"人"这一事实。

为"黑的"（the black）①，尽管凡不是白的，都是黑的；把九位执政官之首名年执政官（the Archon Eponymos）称为"首席执政官"（the Archon）②，他执政这年算为雅典官方纪年，同样，摩西把心怀盼望的他称为不同凡响的"人"，而认为其他许多人不配得到这一头衔，不值得一提。

他还非常恰当地说这是关于真正的人产生的"书卷"。③ 这话之所以恰当，是因为心怀盼望者配得历史记载，不是用将毁于虫蛀的纸卷来记载，而是由自然这本不朽之书来记载，它记录了一切美好行为。另外，我们若是从第一人，从地上出生的人计算人类历史，就会发现，迦勒底语里称为以挪士，我们的语言里称为人的这位，是第四代。④ 而四这个数字在那些致力于研究非质料的、概念性实在的哲学家看来极为尊贵，尤其是大智大慧的摩西，在赞美这个数字时说它是"圣的，用以赞美的"⑤，至于他为何这样说，我们已经在前一作品里作了说明。⑥ 心怀盼望的人也是圣洁和值得赞美的，正如反过来，心中无望的人是可恶的，该受谴责的，因为他在一切事上都把恐惧当做邪恶谋士；如人所说的，没有哪两件事比恐惧和盼望更彼此敌对的，其实这是再简单不过的道理了，因为两者都是一种期待，盼望是对善的期待，而恐惧则相反，

---

① 即"墨水"。

② 第一位执政官称为"o archon"，第二位称为"archon Basileus"（王者执政官，即巴赛勒斯执政官），第三位称为"archon polemarchos"（军事执政官），其他九位（这里应是其余六位——中译者注）称为"thesmothetai"（司法执政官）。

③ 同样，《恶人攻击善人》139 "心怀盼望者记载在神的书卷里"也是从《创世记》四章 26 节的"这是关于人类后代的书卷"推导出来的。当然，这一短语也导入下面的内容，开启新的段落。

④ 以挪士是亚当的曾孙，自然应是第三代；或者，如果把亚伯和该隐包括在内，就是第五代。斐洛得到这个他所要的数字可能是省略了亚伯，因为《创世记》四章 25 节里说塞特是他的替代者，也可能省略了该隐，因为他受了诅咒。

⑤ 或"值得赞美"。见《利未记》19：24："第四年结的果子全要成为圣，用以赞美耶和华。"

⑥ 《论创世》47 ff.。

是对恶的期待，它们的本性是不相容的，不可能统一起来。

3. 关于盼望这一主题，不必再多说什么，它本性上乃是立在门口守卫里面高贵美德的一位看门人，我们若不首先对她表示尊敬，就不可能得到通行的许可。诚然，每个国家的立法者和律法都花了大量精力使自由人的心里充满令人安慰的盼望；但他获得心怀盼望这种美德完全不是出于劝告或命令，乃是出于自然所制定的一条律法的教诲。这律法不是由文字记载的，而是靠直觉得知的。

继盼望之后排位第二的是悔罪和改善，因而，摩西按顺序提到从邪恶生活转向良善生活的人，给他起希伯来名叫以诺（Enoch），按我们的话说就是"恩典的容器"。我们读到，他显然"使神喜悦，神就将他转移，他就不在世了"①，转移就意味着改变和转化，而且是变得更好，因为这是由神的先见所引发的变化。凡是借神的帮助成就的事，全是卓越的，真正有益的，同样，凡不包含他的引导和眷顾的事，必是无益的。

用来描述被转移之人的话非常恰当，这话说他就不在世了（不见了）。之所以这样说，或者因为旧的可指责的生活被抹去，消失了，再也看不见了，就如同它从来不曾有过；或者因为被这样转移并在更高层次占据一席之地的人必然是难以找到的。恶是广泛传播的，许多人都知道，而美德，所知者甚少。即使有知道的，也几乎没有人能领会。此外，卑鄙的人一生不守安宁，时常光顾市场、剧院、法庭、议会厅、聚会、各种人群和组织；他放任自己的舌头，说话毫无节制，没完没了，无所选择，使一切事情变得混乱而迷惑，把真相与假象、适当与不当、公众的和私人的、圣洁的与渎神的、合理的与荒谬的，都混合在一起，因为他不曾受过训练，不知道适时的沉默是金。他的耳朵伸得老长，对

---

① 《创世记》5：24。七十子希腊本："以诺使神大为喜悦，神就将他化了去，他就不在世了。"英译本："以诺与神同行，神将他取走，他就不在世了。"

闲杂之事充满好奇，总是渴望知道邻人之事，不论好事，抑或坏事，若是好事，就生出嫉妒，若是坏事，就幸灾乐祸；因为卑鄙的人就是本质上心怀恶意的人，一个恨善喜恶的人。

4. 另外，高尚的人希望过宁静的生活，所以他远离公众场合，热爱孤独，不会让自己的决定受到许多人的注意。不是因为他厌世，其实他是个有名的慈善家，而是因为拒斥了民众（需要悲叹的时候他们喜乐，应当高兴的时候他们忧愁）所欢迎的恶习，因而他几乎把自己关在家里，大门不出，二门不迈；若是来访者络绎不绝，他就离开城镇，住到某个偏僻的农场，与人类中的最高贵者做伴，虽然时间已经把他们的身体化作尘土，但他们的美德之火在记载的文字中保持新鲜的活力，使他们活在诗歌或圣歌里，以促进灵魂里善性的生长。所以他才说"被转移"的就不在世了，难以追寻。他穿过无知，获得知识，从愚拙转到明智，从胆怯转向勇敢，从不敬转向敬虔，从纵欲转向自制，还从虚荣转向单纯。有哪种财富能与这些美德相提并论，或者拥有哪种王权、支配权能比拥有这些美德更有益处？一点也没错，视力敏锐而非盲目的财富就是丰富的美德，所以，我们必须坚持认为这才是真正的、公平的主权，是在公正中治理万物，而那私生的、虚假的、所谓的统治，只是一种错误的称呼。

但我们不要忘了，在通向完全的路上，悔改占据的是第二的位置，正如从疾病恢复健康的变化对摆脱疾病的身体来说是第二位的；也就是说，未损坏的完全的美德离神圣权能最近，而在时间流程中的改善和提高是自然赐给灵魂的独特财富，使它不再停留在幼稚的思想状态，而是变得更加精力充沛、富有真正的男子汉气概，从而努力达到一种宁静安详的状态，追求卓越者的视野。

5. 因而，很自然地，他把美德的热爱者，神所爱的人放在悔改之后，此人在希伯来语里称为挪亚（Noah），在我们的语言里称为"安宁"或"公正"，两者都是对贤人的非常恰当的称呼。"公正"显然如此，没有什么比公正更好，它是众美德之首，就像最美的舞蹈少女占据最高的位置。不过，"安宁"也是适合的，因为它的反面，不合本性的活动①显然是导致骚动、混乱、分裂和争战的原因。卑鄙的人就追求这样的活动，而平静、安宁的生活乃是那些重视行为之高贵性的人所追求的目标。他给第七日，也就是希伯来人所说的 sabbath 取名为安息日，也是前后一致的；倒不是如有些人所认为的，因为众人工作六天之后放下了手头的活，而是因为七这个数字，无论是在世界中，还是在我们自身里面，确实一直远离分裂、争战、纷扰，是所有数字中最安宁的。我们身上的官能可以证明这话属实，因为它们中的六个②，也就是五种感官能力加上语言能力，一刻不停地在地上、海里争战，前者追求感官对象，没有感官对象就感到痛苦不堪，而语言与不受限制的口连在一起，总是在应当沉默的时候喋喋不休。第七种官能是占统治地位的心灵，它以更大的力量战胜其他六个，凯旋之后，欣然独处，享受自我，觉得自己不需要他者，完全满足于自我独处，于是，它就摆脱了常人的一切焦虑和牵挂，愉快地接受平静安宁的生活。

6. 摩西对热爱美德的人大为赞赏，当他描述自己的族谱时，没有如通常那样列出祖父、曾祖父，父亲这边的上祖，母亲这边的上祖，而是列出某些美德的名单，这无异于直接声称，贤人除了美德和高尚行为之外，没有别的家，别的亲人，别的国家。他说："挪亚的后代记在下面。挪亚是个义人，在当时的世代是个完全人，深得神喜悦。"③ 但是我们不可不注意，他在这一段落里称为人之名的，不是按照通常的语言方式，不是指赋有理性的可朽的动物，而是指人，杰出的人，他把难以

① "灵魂不合本性的活动"是斯多亚主义用来界定"pathos"的一个词（S. V. F. iii. 462, 476）。

② 在另外的地方，根据论证的需要，斐洛把心灵排除在七大功能之外，代之以繁殖功能（to lonimon）。《论创世》117，《论更名》111。

③ 《创世记》6：9（和合本末句为"挪亚与神同行"——中译者注）。

驾驭的狂暴情欲和完全如同野兽一样的恶习从灵魂里清除干净，从而证明人这个名字是名副其实的。举例来说，他在"人"前面加上"公正的"，通过这样的合成词暗示，不公正的人就不是人，或者更切实地说，是披着人形的兽，唯有跟从公正的人，才是人。他还说，挪亚成了"完全的"，由此表明，他获得的并非只是一种美德，而是所有美德，而且获得美德之后，还在适宜的时候——践行。摩西既然给他冠以争战中的胜者之称号，就进一步给他加上非凡的荣耀，用非同寻常的赞美之语来描述，说他"深得神喜悦"。自然要赐予的还有比这样的事更美妙的吗？若说那些不曾使神喜悦的人注定遭受惩罚，那么，那些天生深受神喜悦的人就必然幸福快乐。

7. 但是，摩西赞美他拥有所有这些美德之后，又非常准确地指出，他是当时世代的完全人。也就是说，他的贤明不是绝对的好，而是相比于当世之人的好。因为我们不久将看到他论及其他贤人，具有无可比拟之美德的人，他们不是相对于恶人来说是善的，他们被认为值得赞许，值得优先考虑，不是因为他们比同时代人好，而是因为他们有幸拥有天赐的本性，并使它不致偏离，这样的人不必为避免恶道而费力费神，更不可能与恶相遇，因为他们的生活是由最美好的语言和最高贵的行为装备的，他们在践行这些美德中达到了卓越的高度。所以，对那些其主要动力的产生是自由而高贵的，接受完全和公正是出于其自身，而不是出于仿效或对抗别人的人，应当致以最高的敬意。而对远离自己的同时代人，不随波逐流，以众人的目标和志向为自己的目标和志向的人，也应表示尊敬。第一块奖牌虽然不能颁给他，第二块奖牌他却是当仁不让的。而且，第二名本身也是伟大的，凡神所彰显、赐下的，有哪一样不是伟大的，不值得我们尽一切努力呢？最清晰的证据就是挪亚所获得的大量奖品。那个时代恶果累累，每个国家、每个民族、每个城邑、每户人家、每个人都恶贯满盈，所有人都像是同一个族类，全都有意识、有预谋地争夺罪恶中的第一位置，把全部热心都投入竞争之中，每个人都加紧努力，比别人陷入更大的邪恶，凡是可能导致罪恶、可诅咒之生活的事，没有一样未曾试过。

8. 这自然引发神的忿怒。试想，人原本是一切造物中最优秀的存在者，曾被认定配与神相似，因为人分有理性之恩赐，而如今，他不行该行的美德，倒热烈追求恶习以及它的各种具体形式。所以，他指定了与他们的邪恶相应的惩罚。他决定用大水把当时所有的活物都毁灭，不只是那些居住在平原和低地的活物，还包括那些住在最高山上的居民。因为大渊①高高涨起，涨到前所未有的高度，并聚集力量冲向出口，冲入我们的各部分海洋，这些高涨的海浪淹没了岛屿和陆地，同时，从永恒泉源和春蓄冬涌的江河里流出来的水，一浪接着一浪涌出，合流起来，不断上涨，以致到极高的高度。空气也不是静止不动的，一团浓厚完整的乌云笼罩上空，狂风阵阵，雷声隆隆，闪电道道，霹雳炸向地面，暴雨倾盆而下，连绵不绝，以至于我们可以认为，宇宙的不同部分正在迅速地融合为单一的水元素，一方面水从天上倾泻而下，另一方面水从低处往上涨。水面不断抬高，最后不仅平原和低处被淹没，完全消失不见，就连最高峰也无从寻觅。大地的所有部分都沉到了水下，就好像被暴力完全除灭了，世界因失去了大部分而遍地创伤，其完整性和完全性被破坏和损毁，这样的事可怕得无法言喻，无法想象。事实上，甚至空气，除了属于月亮的那小部分之外，也完全被清除，在公然取代它的大水的冲击和肆虐中销声匿迹。同时，所有庄稼和树木毁灭了，滔滔洪水就如同没有水一样具有破坏力，数不胜数的动物群，包括家养的、野生的，在洪水中死去；可以设想，既然最高的动物人都灭绝了，低级动物自然不会有一个留下，因为它们原本就是为满足人的需要才被造出来的，在一定意义上如同仆从，要遵从主人的命令。所有这些灾难，如此众多又如此广泛的灾难，在当时降下的倾盆大雨中突然临到世界，不

---

① 《创世记》7：11：“大渊的泉源都裂开了。”

合自然地震撼摇动着除了天之外的其他各个部分，就如一场严重而毁灭性的瘟疫席卷而过。此时，却有一户人家，就是称为义人和神所爱之人的家，留存了下来。由此，他领受了两项最高的恩赐：其一，如我所说的，他没有与其他人一同毁灭；其二，他要成为新的人类的奠基者。神相信他既配做我们人类的末位，也配做人类的首位——是那些生活在洪水之前的人的末位，也是洪水之后的人类的首位。

9. 这就是同时代中最杰出的人，这就是赐给他的奖赏，圣书里都说明了其本性所在。以上所提到的三人，不论我们把他们看作人，还是看作灵魂的样式，他们都构成一个层次分明的系列：完全人从一开始就是完全的；神接走的人位于中间，因为他早年生活致力于恶行，但晚年转向美德，最后就被接走，转移到美德之中；盼望者则如他的本名所显示的，是不完全的，因为他总是渴望美德，也就是还无法获得美德，就像海员切望驶进港湾，却仍然漂泊在海上，无法抵达避风的港湾。

10. 至此我们解释了渴望美德的第一个三人组；现在我们要开始谈论更伟大的第二个三人组。前者我们可以比作孩子们的学习，后者则如同运动员的训练，他们预备的是真正神圣的比赛，所以轻看身体的训练，只培养灵魂的力量，渴望战胜他们的对手，即情欲。后面我们会详尽描述他们虽然追求同样的目标，却彼此各不相同；不过在此之前我们必须先从总体上阐述他们的一些不可忽视的特点。我们发现，这三位出于同一家庭，属于同一支派。第三位是第二位的儿子，第一位的孙子。三人同样是爱神也是神所爱的人，他们对真神的爱得到神的回报，如神的话所表明的，他赏识他们终身奉行的高尚品德，就俯就使他们在他所取的头衔上并列为伴，也就是说，他把自己独特的名与他们的名放在一起，用三者合成的一来自我称呼，从而使他们联合为一体。他说："亚伯拉罕的神，以撒的神，雅各的神，这是我的名，直到永远。"① 这是

---

① 《出埃及记》3：15。

关系性的名，不是绝对的实在之名，但是肯定是合乎自然的。神诚然不需要名字，但他为俯就人类，还是给自己取了一个名字赐给人类，好让他们能在祷告和祈求中摆脱困境，不至于丧失使人得安慰的盼望。

11. 显然，这些话确实适用于过圣洁生活的人，但它们也是关于并非显而易见，而是远远高于感官所感知之事的那些事物的陈述。因为这圣言似乎在探查灵魂的样式，所有样式都具有高贵的品德，一个借教训追求善，一个借本性追求善，还有一个借践行追求善。第一位叫亚伯拉罕（Abraham），第二位叫以撒（Issac），第三位叫雅各（Jacob），分别代表借教导、本性和践行获得美德。不过，我们也不可不注意，其实他们每个人都拥有三种品质，只不过根据各自最主要的品质而得其名；因为教导若没有本性或践行，就不可能达到顶点，本性若不经学习和践行，也不可能达到最高点，践行若没有本性之泉源和首先确立的教导，同样不能成就大事。所以，摩西非常恰当地将这三人放在一起，名义上是人，实质上如我所说的，是美德——教导、本性、践行。人们还给他们取了另一个名字，称他们为美惠三神，也是三位；或者因为这些价值是神的恩典对我们人类的一种恩赐，使人的生活变得完全，或者因为他们把自己交给理性灵魂，作为完美的、最好的礼物，因而，他话里所显明的永恒之名意在指出，这三位所指的是价值，而不是真实的人。人的本性是可灭的，但美德的本性是不灭的。所以，更合理的设想是，永恒之物意指不灭之物，而不是可朽之物，因为不灭类似于永恒，而死亡则与它相对。

12. 还有一点我们也万不可不知道：当摩西声称第一人，地上出生的人，是所有生存到洪水之前的人的祖先，而挪亚，也就是因其公正和其他方面的优秀品质而唯一在大毁灭中全家幸存下来的人，是将要重新生发出来的新人类的祖先时，有神谕论到这庄严而宝贵的三人组是人类的一个种族的祖先，这个种族被称为"高贵的""作祭司的国度"以及

"圣洁的国民"。① 从这名称可见其地位之高贵；这国度在希伯来语里叫做以色列，翻译出来的意思是"看见神的人"。须知，眼睛的视力是所有感官中最杰出的，唯有靠它我们才能领会现存事物中最杰出的事物，太阳、月亮、整个天空和世界；而心灵，也就是灵魂里的主宰部分，它的视力超过心灵的所有其他能力，而且这是智慧，是理解力的视野。他得赐这视力不只是要凭着知识知道自然必须显明的一切，还要看见万物的父和造物主，这样的人完全相信，他要上升到幸福的最高点；因为无物高于神，凡是伸展灵魂的视线抵达于他的，必祈求让自己停留在那里，扎下根基；我们知道，上山的路程艰辛缓慢，下山则极其容易迅速，与其说是一级级下来，不如说是一下子冲了下来。许多东西都有可能成为压倒我们的力量，但只要神让灵魂悬浮在它们的权能上，并以更大的吸引力把它们引到自己身边，这些力量就没有一样能得逞。

13. 关于这三位的共性的必不可少的初步讨论就谈到这里。现在我们必须谈论三者各自表现出的卓越功绩，先从第一位亚伯拉罕谈起。亚伯拉罕对最高最大的美德即敬虔充满热心，渴望跟从神，顺服他的诫命；要知道，所谓的诫命，不仅指那些通过语言和书写传达的，也指那些自然以清晰的记号显明，并由最忠实且高于听力的感官感知的，因为听力是不足信的。凡沉思自然界的秩序和世界之城——它的卓越无法言喻——的结构的，不需要有人教导，他完全能自觉地去践行守法的和平生活，努力使自己与它的美相似。而表明他敬虔的最清楚的证据是《圣经》所记载的事迹，首先应当提到按顺序最先记载的事。

14. 一个神谕②命令他离开他的本国、本民，去寻找新家。在这一神谕的催促下，他想，迅速遵行命令与完备地成全命令同样重要，于是

---

① 《出埃及记》19：6。

② 斐洛似乎认为，离开本国、本族的命令（参看《创世记》12：1）是用迦勒底语而不是哈兰语昭示给亚伯拉罕的。

就急切遵行，似乎他不是离开家，去找一个陌生之地，倒像是从陌生的国度返回自己的本家。还有谁能像他那样对目标如此坚定不移，以至于不为亲人和国家的吸引力所动？对亲人和祖国的渴望可以说是我们每个人与生俱来并日益增长的，是我们本性的一部分，就如构成整体的其他部分那样不可或缺，甚至比其他部分更举足轻重。立法者们把放逐立为仅次于死刑的惩罚，判给那些罪大恶极的人，这就是明证，尽管在我看来，按真理判决，这不是次于死亡，而是比死亡严厉得多的惩罚，因为死是终止我们的痛苦，而流放不是终止，是更多新的不幸的开始；不是人死了，一切痛苦终止了，而是要活生生地承受千百次的死。有的人想赚钱就外出做生意，有的人因出任大使到了他国，有的因热爱文化去观光异域之地。这些人都有吸引他们留在国外的动机，有的为了经济利益，有的因为有机会报效祖国，只要有这样的机会，就会有非常重要的利益关系，还有的为求知，了解他们原本不知道的事，从而既有乐趣，也有益于灵魂，因为留在家里者之于出门旅行者，就如同瞎子之于目光敏锐者。然而，所有这些人都渴望看见自己的本土，向她致敬，渴望听到家人的消息，与亲戚朋友相聚，享有这种甜美而最令人向往的天伦之乐。他们虽因事务离开家，但当他们看到所做的事一拖再拖，回家之日遥遥无期时，就往往放弃，宁愿克制自己追求财产的欲望。

然而，亚伯拉罕一接受命令，就带着几个人立即出发，甚至独自一人，而且他的移居是灵魂上的，不是身体上的，因为属天的爱压倒了他对可朽坏之事的欲望。所以，他不假思索，没有考虑同族、护卫、同窗、伙伴，父亲或母亲方面的亲戚，国家、祖先的习俗，教育团体、家庭生活，所有这些都有一种强大的吸引力，任何人都很难摆脱，他却全不考虑，只跟从一种自由自在、无拘无束的动力，全速出发，首先离开那时时运极佳、昌繁鼎盛之所迦勒底，移居到哈兰（Haran）；不久又离开哈兰移往另一地，稍后我们会论到那地，现在我先讨论另外一个问题。①

15. 《圣经》经文叙述移居是由一个智慧人记载的，同时也是照着比喻之法由热爱美德的灵魂为追寻真神而阐述的。迦勒底人在苦心经营占星术上特别活跃，把一切事物都归于星辰的运动。他们认为，世上的现象是由包含在数字和数字比例中的力量引导的。由此他们赞美可见的存在，不思考可理知的、无形体的存在。他们虽然探究应用于日月、其他行星和恒星的环行的数字的秩序，一年四季的变化，天上地下各种现象的相互依存，却得出结论说，世界本身就是神，从而渎神地将受造物当做造物主。亚伯拉罕在这种信条中成长，因而有很长一段时间仍然是个迦勒底人。然后，心眼就像经过沉睡之后睁开了，开始看见纯粹的光线，而不是深重的黑暗。他跟随光线，看见先前不曾见过的事物：一位驾驭者和引航员管理着整个世界，稳妥地引导着他自己的作品，认为管理并监督那作品以及它的所有部分是与神圣眷顾相配的。为了在亚伯拉罕的理解力中更坚定地确定已经向他显明的视野，神圣之道加强它的效果，对他说："朋友，伟大的事物往往是通过将其外形显现在较小的事物上而为人所知的，观察者在看它们的时候发现自己的视野得到无限扩大。那就抛弃天空的漫游者，迦勒底的学问，暂时离开最大的城，即这个世界，去较小的城，你就会更好地领会大全的管理者。"所以《圣经》上说他首先离开迦勒底，来到哈兰。②

16. 哈兰在我们的语言里意指"洞孔"，表示我们感官的座位，每个感官透过这些位置，就如透过洞孔去察觉各自的对象。然而，我们可以问，倘若没有无形的心灵像魔术师一样激发各种能力，有时候放松缰

①　《创世记》11：31 和 12：5。关于"另一地"的含义见 18 节中间段落。

②　哈兰的比喻含义，更详尽更清晰的阐释见《论亚伯拉罕的迁居》176ff. ；《论梦》I. 41 ff. 。哈兰作为感知觉之处，是心灵的形体之屋（《论亚伯拉罕的迁居》187），因而代表苏格拉底的自我知识，总体上与占星术的推测形成对比。它使人相信，有一种比心灵更高的权能，并引导第二次移居，从自我知识走向神的知识。

绳，让它们自由驰骋，有时候施加大力，把它们拉回来，从而使它的木偶时而和谐运动，时而静止不动，那这些木偶，也即感官，有什么用途呢？从你自己身上的这一例子，你可以轻易理解你如此真诚地渴望知道的事。试想，既然在你自己身上，有心灵做你的支配者，整个身体顺从它，每个感官听从它，那么这个世界，万物中最优美、最伟大、最完全的作品，所有一切都是它的一部分，就不可能没有一位王把它聚集为整体，按公义原则指挥它。这王是无形体的，这一点必然不会使你吃惊，因为你自己身上的心灵也同样是无形体的。凡是思考这些事，不是从遥远的泉源，而是从手边的泉源，即他自身以及使他成为自身的事物中汲取知识的，必须明确地知道，世界不是最初的神，而是最初的神和万物之父的一件作品，他虽是不可见的，却使万物显现为可见，揭示大大小小的事物之本性。他认为不应让肉眼看见他，也许因为凡人触及永恒者是与圣洁相背离的，也许还因为我们的视力是软弱无力的。我们的视力不能承受从自有永有者洒下的光芒，甚至无法直视太阳的光芒。

17. 紧接着这个贤人出发的故事后有一段话，我们可以清楚地看到心灵离开了占星术和迦勒底信条。它说："神向亚伯拉罕显现。"[①] 这说明神先前不曾向他显现，因为那时他还是迦勒底人，思想凝固在星辰的合唱运动上，对世界和感觉之外的和谐、可理知领域的事物一无所知。但是当他离开迦勒底，改变了居所之后，就不得不认识到，世界不是主宰者，而是被决定者，不是管理者，而是受到它的造物主和第一因的管理。他的心灵第一次用得到恢复的视力看见这一点。此前，感觉之物用一片薄雾笼罩在上面，唯有更高真理的温暖和炽烈的热气才能艰难地把它驱散，使他能够如同在清澈而辽阔的天空看见隐藏了这么长时间、不为人所见的神。出于对人类的爱，当灵魂来到神的面前时，神没有转过

---

① 《创世记》12：7。但这"显现"发生在亚伯拉罕到了迦南地之后。如果斐洛仔细理解《创世记》的意义，"metanastasis"必然包含两次移居。但结果表明他错误地理解为指的是哈兰时期。

脸去，而是上前迎接他，向他显明自己的本性，依照看者的视力所能接受的程度向其显现。所以我们读到的话不是说贤人看见了神，而是说神向他显现。因为若不是神亲自显现、表明出来，人靠自身的力量是不可能领会真正的存在者。

18. 以上所言可以从他改名一事得到证明。他原名叫亚伯兰（Abram），但后来被称为亚伯拉罕。[①] 听起来似乎只是重复了一个字母a，事实上通过这一重复表达了一种具有重大意义的变化。亚伯兰翻译出来的意思是"被举起的父"；而亚伯拉罕是"被拣选的声音之父"。前者指被称为占星学家和气象学家的人，关心迦勒底的信条就如父亲关心自己的孩子。后者指贤人，因为他把"声音"用来比喻所言说的思想，把占支配地位的心灵比喻为"父"，因为里面的思想从本性上就是被说话语的父，比表达之话语高级，是它的隐秘生育者。"拣选"表示有美德的人，因为卑鄙的人是随意、混乱的，而高尚的人是被拣选的，因其功绩从众人中脱颖而出。在气象学家看来，没有什么比宇宙更大的，并且相信它就是事物生成的原因。但智慧者有更敏锐的洞察力，看到心灵所认知到的更完全的事物，是其他一切事物的统治者、管理者、主人和引导者。于是他大大责备自己先前的生活，觉得以往的岁月盲目无知，除了感觉世界，没有支柱支撑他，而感觉世界本质上是不可靠、不稳定的事物。

有德之人的第二次移居同样出于对神谕的顺服，不像先前那样从一个国家到另一国家，而是进入旷野之地，进入后仍四处流浪，但从未抱怨这种流浪和由此引发的不安全。[②] 人不仅得离开自己的本国，还被迫抛弃一切城里的生活，进入行路人难以找到路径的茫茫旷野，有哪个人

---

① 《创世记》17：5。

② 《创世记》12：9。七十子希腊文本："亚伯兰起程，行到旷野，在那里扎营。"斐洛为方便起见把亚伯拉罕前面在迦南的活动省略了，紧扣最终目标——旷野，它象征神秘主义者的隐居处。

不会觉得这是一种负担？谁不会掉头，急忙踏上返回之路，不再关心将来的盼望，只想逃避眼前的困境，认为为了不确定的善接受灾难是愚蠢的？然而唯有他显然对这一切有相反的感受，认为没有哪种生活比离群索居、不与众人联系更愉快的了。这是合乎自然的，那些寻求神、渴望找到他的人，热爱他所珍爱的独处，这样，首先就使自己加速与他有福而快乐的本性相像。所以，我们的两种阐释中——字面意义应用于人，比喻意义应用于灵魂——都表明，人和灵魂都配得我们的爱。至此我们已经表明，顺从神圣诫命的人如何离开人群，不再固守自己的关系，表明心灵并非始终受骗，也并非总是立足于感觉世界，不认为有形体者就是全能者和首要的神，而是使自己的理性上升，凝视高于有形体者的可理知秩序，凝视这两者的创造者和统治者。

19. 这是关于这位神之朋友的故事的开端，接下来就是绝不可小看的行为。只是它们的伟大并不是人人都清楚的，唯有那些品尝过美德，认识属于灵魂的善事的伟大的，常常嘲笑那些博得民众仰慕者的人，才清楚知道。神赞许上述行为，马上给这位有德之人极大的恩赐作为奖赏；因为当他的婚姻因某个放荡掌权者的图谋受到威胁时，神使它安然无恙。① 导致有企图的暴乱的事件是以如下方式发生的。因为有相当长时间庄稼颗粒无收，有时是大雨成涝，有时是干旱风暴；叙利亚各城连年饥荒，处境困顿，居民为寻找食物、谋求生存，四处逃离，各城都成了空城。后来亚伯拉罕得知埃及有丰富充分的谷物供应，因为那里的河流周期性泛滥，把平原变成池塘，柔和的风使谷物长势良好，就带着全家出发去埃及。他的妻子因心灵良善、外貌美丽而声名卓著，超过当时所有的女子。埃及的大臣见了她，对她的美貌赞不绝口，因为高贵者无须掩饰，他们就报告给法老。法老就派人召这女子进宫，看见她异乎寻常的标致美貌，就不顾尊重客人的礼节或法律的明文规定，放任自己的

---

① 见《创世记》12：11—20。

淫欲，决定明媒正娶，而实质上却羞辱了她。她身处异国他乡，受制于一个淫荡而残忍的暴君，没有一个人保护她，因她丈夫也无助绝望，受到更大的恐怖力量的威胁，于是她与丈夫一同求助于最后可求的护卫，就是神的保佑。神原本就是良善的、仁慈的、保护受害者的，就垂怜于这两位外来者，把几乎难以忍受的痛苦和重重的惩罚加到法老头上，使法老的身体和灵魂充满各种几乎难以医治的疫病。根除其享受的欲求，代之以令人痛苦的天罚，只求摆脱日夜困扰他、几欲折磨他致死的无穷无尽的病痛。法老的整个家庭也与他一样受到惩罚，因为谁也没有对凌辱行为表示义愤，相反全都表示同意，所以几乎就是恶行的共犯。由此，女子的贞节保住了，男人的高贵和敬虔也从神那里得到了明证，他俯就赐给他这一极大的恩惠，要不然，他的婚姻几乎受到暴力的直接威胁，如今他的婚姻免遭伤害和欺凌，使得从这婚姻里出来的不只是几个子女的一个家庭，而是整个民族，而且是神最珍爱的民族，如我所认为的，已经代表全人类领受作祭司和说预言的恩赐。

20. 我还听说，有些自然哲学家①从比喻意义上理解这一段落，也提出一些理由。他们说，丈夫比喻健全的心灵，并根据对这一名字的解释作出判断认为，它代表灵魂的某种优秀气质。妻子就是美德，他们说，她的名字在迦勒底语里是撒拉（Sarah），但在我们的语言中指至高无上的女性，因为没有什么比美德更崇高或更有支配权的。婚姻若是因快乐而结合的，那夫妻之间只是身体与身体的结合；婚姻若是由智慧建立的，那它就是追求净化和完全美德的思想与思想的结合。这两种婚姻是截然对立的。在身体结合的婚姻里，丈夫播种，妻子接种；而在灵魂的结合中，虽然美德表面上看如同妻子，但她的自然功能是播种好的建议和不凡的话语，谆谆教导真正有益于生命的原则；同时，思想虽然占

---

① 或者"研究（更高的）自然真理的人"，在有些上下文中（比如《论摩西的生平》II. 216）甚至等同于"神学家"。大自然是如此类似于神，像这样一些比喻意义上的真理是对它的专门研究。

据丈夫的位置，却是接受圣洁而神圣的播种。也许由于名词的误导，以上所述①是错误的，因为在实际使用中，"nous"是阳性的，而"arete"是阴性形式。有人若是剥除使这些术语含义模糊的外衣，清晰地看见它们的真身，就会明白美德是阳性的，因为它引起运动，影响环境，提出关于高贵行为和话语的高贵设想，而思想是阴性的，被推动、被训练、被帮助，一般属于被动范畴，被动性是它得以保存的唯一途径。

21. 所有人，甚至是最卑鄙的人，从表面上来看，都尊重并仰慕美德，但唯有高贵的人才真正贯彻它的指令。所以，埃及国王，就是象征迷恋身体的心灵，就如在一出戏里扮演一个角色，接受一种仿造的关系，淫乱与贞洁的关系，放荡与自制的关系，不公正与公正的关系，他为了在民众中博得好名声，请来美德与他结合。而神是鉴察者，唯有他能洞悉灵魂，他看到这一切，厌恶、拒斥虚假的东西，把它交给最严厉的磨难进行考验。这些磨难的工具是什么呢？难道不是美德的各个部分进入他体内，折磨他，重重击伤他？节俭使贪婪受到折磨，自制使淫荡感到痛苦。同样，当淳朴盛行时，虚荣就如坐针毡，当公正受到赞美时，不公正就坐立不安。须知，同一个灵魂不可能以两种相反的本性，邪恶和美德，作为它的原理，因而它们一相遇，就发生纷争，开始争战，不可能休停，也不可能和解。不过，美德的本性是崇尚和平，所以他们说，她在冲突之前非常谨慎地检查自己的力量，她若是能够战斗到最后，就参战；若发现自己的力量太弱，就可能完全撤退。邪恶绝不会因挫败而有丝毫羞耻，恶名乃是她与生俱来的，而对美德，恶名就是谴责。对她来说，最亲近最宝贵的是美名，这使她必然成为得胜者，或者至少使她立于不败之地。

22.②我已经描述了埃及人的冷漠和放荡。现在我们转过头看看这

---

① 即美德是妻子，心灵是丈夫。
② 22—23 节见《创世记》第 18 章。

一暴行的受害者，就会情不自禁地敬佩他内心的良善。中午时分他看见三位以人的样式出现的旅行者，他们的神性没有向他显示，他就追跑过去，诚挚地恳请他们，不是经过而是进入他的帐篷，这是合乎礼仪的，然后接受款待。不过，他们与其说是从他的话中，不如说是根据他所表现的情感知道他说的是真心话，就毫不犹豫地同意了。他的心里充满喜乐，切切地希望能毫不迟延地招待他们，就对妻子说："你速速去做三份饼来。"① 他本人也急速地跑到牛棚，牵来一头又嫩又好的牛犊，交给仆人，仆人急忙杀了它，将它清洗干净。在贤人的家里，没有哪个人在表现善意上是迟缓的，无论男女，仆人主人，全都满怀热情地招待客人。客人享受的与其说是为他们准备的丰盛食物，不如说是他们主人的好意。享用了这慷慨之后，他们送给他远超出他盼望的回报，应许他要有一个亲生的儿子。这个应许第二年得到应验，是借着三位中的一位，就是最高的那位的恩赐。明智而高尚的话是不需要三位一起说的，只要一位说出来，其他两位表示同意。而对亚伯拉罕和撒拉来说，这事显得不可思议，因此他们甚至对三位的应许没有认真留意。试想，他们早已过了做父母的年龄，年事太高使他们断了生子的指望。所以圣经上说，撒拉刚听到他们的话时心里暗笑，但后来听他们说"耶和华岂有难成的事吗"就深感羞愧，不承认自己发笑，因为她知道在神凡事都可成这真理很久之前，甚至婴儿之时就已知道。我想，正是在那时，她第一次从站在面前的客人身上看见他们更重要的另外一面，就是先知或天使的一面，只是他们的灵性的、仿佛灵魂的本性成了人的样式。②

23. 我们所描述的亚伯拉罕的好客只不过是更大美德的副产品，这美德就是敬虔，我们前面已经论到这一点，而这一故事更是清楚明白地表明了这一点，即使我们把这些客人看作凡人。有些人可能会这样想，

---

① 见《创世记》18：6，原经文为："你速速拿三细亚细面调和做饼。"——中译者注
② 即认为撒拉不承认自己发笑是由于她认出了客人是神性的，而不是如《创世记》所说的是由于害怕。另外，斐洛这里对这一事件作了合乎自然的解释。

假设这些智慧者看到这家人的灵魂里有不可救药的过错，因而不愿俯就进屋看一看，就在门外止步，只停留在那里，即便如此，这家人也必然因有这样的智慧者光临门口而快乐有福了。果真如此，我就不知道该如何表达这家人巨大的快乐和幸福了，因为天使没有止步不前，而是欣然接受人的招待——天使就是那些圣洁而神圣的存在者，是首要的神的仆从和副手，神用他们做信使，按他的旨意对我们人类宣告预言。假若他们不知道整个家庭就像一个秩序井然的工作队，顺从于那指引他们前行的舵手的召唤，他们又怎会毫不犹豫地跨进他家门槛呢？他们若不是认为设宴款待者是他们的同类，与他们同做仆人寻求他们主人的庇护的，又如何能证明他们受到了宴请、得到了款待这样的观念呢？事实上，我们必须认为，他们一进入，这家就蓬荜生辉，每个人都在善性上有了进一步提升，而且感觉到在美德的完善上有一定启示。进餐原本就应当是这样：客人向主人显示欢乐聚会应有的坦诚和淳朴，他们对他说话的方式是坦诚相告，没有隐瞒，他们的谈话内容也与场合相称。实在令人惊奇的是，他们虽然没吃没喝，却看起来又吃又喝。不过，这还是其次的问题，最大的奇迹还在于，他们虽然是无形体的，却穿戴了人的样式，对高尚的人行善。这样的神迹为何要发生呢？不就是为了让贤人更清晰地看到父并非不知道他的智慧吗？

24. 这里我们可以撇开字面解释，转向寓意解释。所说的话里包含着对唯有靠理解力才能领会之事的比喻。正午时分，神把光照在灵魂周围，心灵之光完全充满它，充盈在它周身的光线把影子驱逐干净，在它面前呈现的唯有三一的异象，一位表示实在，另两位表示它的反映。我们在生活中看到的光照现象使我们多少有类似的经验，因为静止或移动的物体往往同时投下两个影子。但是，谁也不可以认为把影子当神谈论是恰当的。用这样的类比描述他们是在不严谨意义上说的，只是为了对我们所解释的事实有更清晰的了解。事实上，真正的真理是另一回事。人只要非常靠近真理，就会说，那中心位置是宇宙之父所在，《圣经》

称他为自有永有者，作为他的专名，他的两边是两大神能，是离他最近的，一个是创造的，一个是作君王的。前者的头衔是神①，因为它创造并规范了大全；后者的头衔是主，因为统治管理所生成之物正是造物主的基本权力。这样，那个中心的存在（Being）带着他的两种神能作为护卫向心灵呈现，心灵有时看见一的形象，有时看见三的形象：当心灵高度净化，不仅超越了数的多样性，还超越了仅次于一元的二，加紧走向全无混合和复杂性的理想形式，因其完全自足，不需要任何别的事物，此时心灵看见的是一；但当它还未进入最高奥秘，仍然只信奉琐碎的仪式，无法抛弃一切，仅凭存在者本身领会他，只能通过他的活动，比如创造活动或统治活动，才能认识他，此时它看见的是三。如他们所说，这是"第二好的航行"，因为它里面仍然包含某种神所认可的思维方式的元素。但是前一种心灵状态有的不只是元素，它本身就是获得神所认可的方式，或者毋宁说，它就是真理，比思维方式更高，比任何只是思想的东西更宝贵。不过，我们最好用更为人熟知的方式阐述这一点。

25. 人的气质分为三类，异象以上面提到的三种方式之一向相应的那类人呈现。它以中间那种样式向最好一类人，也就是本质存在者的样式显现；向第二好的人就以位于右边的样式，也就是仁慈者的样式显现，他的名字叫神；向第三类则以左边的样式，管理者，也就是主的样式显现。按其气质，最后一类人②敬拜独一的自我存在者，没有任何事物能使他们偏离这样的崇拜，因为他们只被单一的吸引力吸引，所以只敬拜一位。其他两类气质的人，一类借仁慈者为父所知，另一类借作王的神能为父所了解。

我的意思是说，就人来说，若是看见别人借朋友的幌子接近他们，

---

① 显然指公认的观点，认为 theos 源自 tithemi。

② 根据上下文，应为"第一类人"。——中译者注

要求从他们那里获得好处，必会避而远之；他们惧怕虚假的奉承与温情，他们视之为极其有害。但神不会受伤，因而凡是尊敬他的，不论什么方式，他都高兴地邀请。在他眼里，这样的人没有一个该拒斥。事实上，我们完全可以说，神对那些有耳可听的人直言说："我的第一块奖牌要留给那些只因为我本身而敬我的人，第二块给那些为自己的缘故而敬我的人，或者盼望得祝福，或者指望得赦免，因为他们的崇拜虽然是为了回报，并非无私的，但它仍然属于神圣范围之内，没有游离其外。留给那些因我本身而敬我的人的奖牌将是友谊的恩赐；对那些出于自我利益动机的人，奖牌不表示友谊，但我也不把他们看作外人。我既接受希望享受我有益的权能，分有祝福的人，也接受为避免惩罚而劝慰主人，使其不致忿怒的人。因为我知道得很清楚，通过他们持之以恒的敬拜，通过践行纯洁没有污秽的敬虔，他们不仅不会变坏，事实上必会变好。尽管他们所展示的品性各不相同，其动机却都是为了使我喜悦，所以不应对他们有任何指责，因为他们有统一的目标和目的，就是侍奉我。"三一的异象是关于单一对象的异象，这不仅从比喻原理看是清楚的，就是从字面意思看也同样包含如下解释。当贤人恳请三位显示为人的客人接受自己的招待时，他与他们说话，就如同是与一人而不是三人说话。他说："我主，我若在你眼前蒙恩，求你不要离开仆人往前去。"这里，"我主""在你""求你不要离开"以及其他类似的词，必是对一人而不是对多人说的；在他们受到招待，向主人表示礼貌时，我们看到的也只有一位应许他们有亲生儿子，似乎其他两位并不存在："到明年这时候，我必要回到你这里，你妻子撒拉必生一个儿子。"①

26.② 他以下面的故事非常清楚又巧妙地阐明了这一点。所多玛（Sodomites）是后来称为巴勒斯坦（Palestinian）的叙利亚（Syria）的

---

① 见《创世记》18：3、10。
② 见《创世记》19：26、27。

迦南（Canaan）地的一部分，此地有数不胜数的邪恶，尤其是由于贪婪和淫荡引发的邪恶，此外，还不断增加、扩展其他种种可能的作乐方式，造成极可怕的威胁，最后受到全能的审判者的惩罚。居民们把这种极端放荡的行为归咎于永不枯竭的滚滚财源，因为此地确实土壤肥沃，雨水充沛，地上每年都盛产各种果子。有人说得没错，众恶的主要源头就是财物的过量。他们就像牲畜一样投入这种过分饱足之中，以至于感到厌腻，无法承受，就扔掉加在颈上的自然律法的轭，投身于酗酒、美食、不当交合的行为之中。他们不仅疯狂追求女人，破坏别人的婚姻，还男与男交接，毫不顾及自然的交合乃是由主动方与被动方共同参与；所以，当他们企图生儿育女时，就无能为力，只有不结果子的种子。然而这种发现并未对他们有益处，主宰他们的这种欲望力量非常强大。于是，渐渐地，他们使那些本性上是男人的人乖乖地扮演女人的角色，还使这些人背上某种妇科病的可怕诅咒。他们不仅因奢侈的享受和荒淫无度使自己的身体变得软弱，还在自己的灵魂里产生了进一步的堕落，因而，他们竭力败坏整个人类。可以肯定，倘若希腊人和野蛮人联合起来侵袭这样的社群，城池必一个个荒芜，就如遭受瘟疫袭击，人口骤减。

27. 然而，神是人类的救主和爱人，出于对人类的怜悯，他使合乎自然地复合的夫妻尽可能多地生育子女，但憎恨并灭绝这种逆性的、犯禁的交合。对那些欲求这种关系的人，他降下惩罚，责罚他们，不是凭借通常的惩罚方式，而是以令人吃惊的、不同寻常的方式，专门为此目的而创造的方式。他命令天空突然乌云密布，降下"倾盆大雨"，不过不是水，而是火。火焰成团地、源源不断地倾泻下来，烧着了田野、草地、茂密的树丛、沼泽地和密集的灌木丛里蔓生的植物。它们烧着平原和各种谷物及其他庄稼。它们烧着山上的林地，把树干和树根一并烧毁。大火烧到牛栏、房舍、城墙以及建筑物里所有私人的、公共的财物；曾经繁华的城邑变成了居住者的坟茔，石头、木头建造的房屋化为灰烬和尘土。火焰烧毁地上一切有形体的事物后，又渗透到地下，破坏土地固有的生命力，使它变得十分贫瘠，根本不能再结果子、再长草木。直至今天，它仍在焚烧着，霹雳之火从未熄灭过，不是在继续大肆毁灭，就是在焖烧。现在仍可见到的一些事物提供了非常清楚的证据，因为这大灾难事件有遗迹留在不断升腾的烟雾里和矿工们找到的硫黄里；而这个国家曾有的繁华可以从幸存下来的邻城之一和它周围的土地明显地看出；这个城邑人口众多，地上盛产谷物，牧草丰美，遍地肥沃，从而为神圣审判所作的判决提供了永恒的证明。

28. 然而，我详尽阐述这些不是为了描述神大能所制造的史无前例的灾难，而是想要表明别的意思。《圣经》告诉我们，以人的样式向贤人显现的三位中，只有两位到了要毁灭的地方，消灭那里的居民，而第三位认为不与他们同去为好。在我看来，那一位就是真正的存在者，认为借他自己的力量赐给美好恩赐时应当在场，而与美好相对的降灾之事则完全交由他的神能去行，让他们做他的执行者，好叫他显得只是良善的原因，而不是任何灾难之事的直接原因。① 我想，这也是国王们效仿神性的做法。他们在赐恩时就亲自出面，在施刑时就雇用别人去执行。但由于两种神能中，一种是使人得益的，另一种是惩罚性的，因而，两者都出现在所多玛合乎自然，因为五座最繁华的城邑中，四座被烧毁了，一座被留下，使它脱离一切可能伤害它的邪恶。用惩罚的权能来施行毁灭，而让有益的权能发挥保护作用，这是合理的。然而，被保护下来的这一部分的美德是不完全的和不完备的，虽然借着存在者的神能得了益处，却并不被认为配得直接看见他本身。

29. 这是对这个故事合乎情理又显而易见的解释，也是适合于大众的解释。此外，我们还要阐释故事隐秘而内在的含义，这对极少数研究灵魂的特点而非身体的形式的人具有吸引力。从比喻意义上讲，五座城

---

① 神的直接作用只出现在行善时，他把惩罚之事交给副手去做，这一思想在《论变乱口音》168 ff. 论到经文"我们下去，在那里变乱他们的口音"时已经提出，在《论逃避与发现》68 ff. 也如此。亦见《论创世》72 ff.。

就是我们身上的五官，各种愉悦的工具，大小的快乐无不是借着感官实现的。我们获得快乐，或者是通过看见斑斓的色彩，物体的形状，不论是否有自然生命，或者通过聆听美妙的声音，或者通过呼吸醉人的香气，或者触摸柔软、温暖、光滑的物体。这五种感官中，三种最属肉体、最具奴性的是味觉、嗅觉和触觉，它们使牲畜和野兽产生特别的刺激，最能激发贪欲和情欲。看看它们不知饱足地日夜吃食，或者发情交配，就显而易见了。其他两种感官与哲学有一定联系，占据主导地位——听觉和视觉。但耳朵在一定意义上比眼睛较迟缓，较柔弱。眼睛有勇气投射到有形体事物上，不会等它们作用于它，而是主动相遇，并且反过来作用于对象。听觉既然反应比较迟钝，较为柔弱，就只能位居第二，特定的居先位置必然赐给视觉。事实上，神造它时就让它做了其他感官的王后，置它于其他感官之上。可以说，把它确立在一个要塞上，使它与灵魂密切相关。

我们可以从它随灵魂的不同状态变化的方式看到有关的证明。当灵魂感到忧愁时，眼睛就充满焦虑和沮丧。相反，当灵魂感到喜乐时，眼睛就满含笑意和欢快。当心里充满恐惧之情时，眼睛就布满不安和混乱，眼皮不安地抖动，眼珠不安地滚动。若是愤怒占了上风，视觉器官就充血，显得更为严厉。在沉思默想问题时，它就显得安静而深邃，几乎可以说，它使自己成为心灵的外观。在心旷神怡、轻松自如时，它也镇静自如、怡然自得。有朋友光临时，它那安宁快乐的表情表明内心美好的情感。倘若是敌人靠近，它就发出警告，表明灵魂的不悦。勇气使眼睛快速向前投射视线，谦逊使它们柔和安静。总而言之，我们可以说，视觉是作为灵魂的形象被造的，借着完美的艺术造出与原型完全一致的副本，呈现了对其自身本性无形体的原型清晰如镜的反映。不过，眼睛相较于其他感官的卓越之处并非只体现在这一方面，还表现在以下这点上：其他感官在人醒着时——我们不必考虑入睡时的不动状态——也常常不发挥功能，因为只要没有外界对象的刺激，它们就静止不动；

而眼睛一睁开，就处于不停活动之中。它总是有空间接纳更多的对象，这也表明它与灵魂有亲密的关系。而当灵魂始终处在活动之中，日夜惊醒时，眼睛的主要成分虽然是属肉体的，却也必然保持不断活动，它对这种恩赐心满意足，这是与它相合的，人的一生中有一半时间都是如此。

30. 现在我们要讲到我们从视觉所得的最重要的益处。神使光只照在五官中的视觉器官上，而光是现存事物中最美好的东西，在圣书里是最初被称为好的事物。光有双重本性：一方面是通常使用的火①的光辉，如产生者一样是可朽可灭的，另一方面指不灭、不朽的火，是从高天上带给我们的，在那里每个星辰放射光芒，如同从永久不断的源泉发光。视觉对这两种光都很熟悉，借着它们投到有形体的对象，以便十分准确地把握对象。神既把对眼睛的真正赞美铭刻在了天上，那就是星辰，我们还需要枉费口舌对它唱赞歌吗？试想，造出日月星辰、行星恒星的光芒出于什么目的？不就是为了眼睛的作为，为了协助视觉活动吗？因而，人最美好的恩赐就是利用光来思考世界的内容，大地、行星、生物、果实、潮涨潮落的海洋、春蓄冬涌的河流，各种泉水，有的是冷泉，有的是温泉，性质各异的种种气象，其形式如此变幻莫测、捉摸不定，语言根本无法将它们一一道尽；尤其是上天，真正可说是世界里面的世界，还有使它美不胜收的种种神圣可敬的形式。请问，其他感官哪一个能夸口说自己有如此巨大的跨度？

31. 我们要撇开那些只能使其管理者的人性中的兽性——情欲——变得更加猖獗的感官，而考察那主张理性的感官，即听觉。当它的旅行变得紧张，到达极限之处，也就是当狂风夹着深远、势不可当的声音，或者响亮的雷声带着可怕的霹雳震耳欲聋时，它就在周围的空气中停滞不前。而眼睛从地面移开，仰望苍天，以及宇宙的边界，于东南西北一

---

① 关于"有用"之火与"属天"之火的区别，参见《谁是神立的后嗣》136 及注。

览无遗；到达之后就吸引理解力注意它所看见的事物。受到同样影响的理解力并非静止不动。事实上，它时刻戒备，不断运动，把视觉作为它观察心灵之事的能力的起点，然后考察这些现象是非受造的，还是有受造的开端；是无限的，还是有限的；是只有一个世界，还是有多个世界；是四大元素构成了万事万物，还是相反，天及其内容有其自身独特的本性，出于某种与其他一切事物不同的实体，而且更加神圣。再者，如果世界是受造的，谁是造物主？他的本质和性质是什么？他创造世界的目的是什么？他现在在做什么，他的工作和生活方式是什么？还有其他种种问题，总有敏锐判断力辅助的好奇心常常探索的问题。但这些以及诸如此类的问题属于哲学。由此可见，智慧和哲学的起源就在于我们的视觉官能，而不是其他官能，它乃是感官中的公主。① 在所有身体部位中，神独独保存了这一个，其他四个全都毁灭，因为它们受制于肉体和肉体的情欲，唯有视觉有力量把头高高抬起，向上凝望，在沉思世界及其内容中找到比身体的快乐好得多的喜乐。所以，五官构成五城，其中一城得到特别恩惠，继续存在，其他四城被摧毁，这是适当的，因为这一感官不像其他感官那样，让自己的范围局限于必朽坏之物，它渴望在不灭的存在者中找到新家，以沉思它们为喜乐。因而，神谕先是说这城很小，后来又表明它并不小。由此比喻视觉，这是非常巧妙的。② 说视觉是小的，是因为在我们所拥有的一切器官里，它只是很小的部位；说它是大的，因为它的渴望是大的，因为它渴望视察的是整个世界和天空。

32.③ 我已尽我所能讲述了向亚伯拉罕显现的异象以及款待所换来

---

① 关于这一思想，参见《蒂迈欧篇》47A"从那里"，即从视觉给予我们的知识，"我们获得哲学"。

② 《创世记》19：20。修订本："这座城又小又近……这不是一个小的吗？"斐洛或者没有看到最后三句话是个问句，或者更有可能是认为在语法上把它们看作陈述句是吸取比喻意义上的教导的充足理由。

③ 见《创世记》22：1—19。

的非凡绝妙的礼物，看起来是主人设宴，其实是他自己在享用。不过，有关他最值得叙述的最了不起的行为，我们不可忽略而过。我完全可以说，所有其他赢得神恩惠的行为与这一个相比都黯然失色，所以在这个话题上我要说一些必须说的话。贤人的妻子给他生了唯一至爱的婚生儿子，一个容貌俊美、心灵高雅的孩子。他早早就显示出超过年龄的完全美德，所以他的父亲不仅出于自然亲情对他宠爱有加，而且作为品性的审查员也会作出如此深思熟虑的判断，难怪对他万分珍爱。正当他沉浸在这种感情之中时，突然得到一个令人吃惊的神圣信息，叫他走很远的路，就是离城三天的路程，到某座高山上，把他的儿子献为祭。他虽然对自己的儿子怀着语言无法表达的宠爱，得到这指示后却面不改色心不跳，一如既往地保持坚定的永不动摇的判断。对神的热爱支配了他的情感，他竭尽全力克服了亲情、血缘这些多情术语产生的一切魔力，没有把神圣呼召告诉家里任何人，只从无数随从中挑选了两个，最年长的和最忠诚的，再加上儿子，一共四人出发了，似乎只是去行常规的仪式。然后，就像到了某个指定点的一名侦察员，他远远看见了所指定的地方，就命令仆人留在那里，把火①和柴交给儿子背；因为他认为应当让被祭者本人来背献祭的工具，这担子其实很轻，因为敬虔是最不辛苦的事。他们以相同的速度，不是脚下的步伐，而是心里的速度，沿着短而直的路走到尽头，这尽头就是圣洁，来到指定的地点。然后，父亲用石头筑坛，儿子看到燔祭用的一切都预备好了，只是没有祭物，就看着他父亲，问："我父哪，请看，火与柴都有了，但燔祭的活物在哪里呢？"对其他任何人来说，知道自己要做什么，却把它藏在心里，乍然听到这样的问话，必会迷乱、流泪，必因极端的悲伤而无言以对。然而，亚伯拉罕的身心都毫无偏移，他面不改色，思绪也不乱，镇静地回答说："我儿，神必自己预备祭品，即便是在这广袤的旷野之中，你可能会放

---

　　① 《创世记》里以撒没有背火。

弃找到它的盼望；要知道，在神凡事都是可能的，包括那些对人来说不可能的事或无法克服的困难。"他说完这话，就迅速抓住儿子，把他放于祭坛，右手拿着去鞘的刀，准备杀他的儿子。然而就在他将杀未杀之时，神救主有声音从天上传来，阻止了这一行为，神命令他住手，不可在童子身上下手。他两次呼唤这位父亲的名，使他转身，让他放弃目标，阻止了他的杀人行为。

33. 这样，以撒得救了，因为神归还了亚伯拉罕的礼物，并用敬虔献给他的祭品回报祭献者。就亚伯拉罕来说，虽然没有出现预料的结局，这行为却是成就了，是完全的，而这样的故事不仅在圣书里是不可磨灭的，也永存在读者心中。

但是有些好争论的批评家总是曲解一切，往往把批评看得比赞美更重，我们认为亚伯拉罕的行为是伟大而奇异的，他们却不以为然。他们说，许多其他人，对自己的亲人和孩子同样充满爱，也舍弃了亲生骨肉，有的为了国家献出他们，作为使国家免遭战争、旱灾、涝灾、瘟疫的代价，有的为了所谓的敬虔牺牲亲人，虽然事实上并非如此。他们甚至说，在声望卓著的希腊人中，不仅有普通个人，还有国王，几乎不假思索地把自己的子孙置于死地，以便赢得盟友，拯救大量兵力，或者不战而屈人之兵。[①] 他们还说，野蛮人长期以来把献子看作圣洁行为，就是神所悦纳的行为。其实圣摩西曾提到他们的这种习俗，视之为可憎恶之事，因为他指责他们行这种污秽之事时说他们"甚至将自己的儿女用火焚烧，献与他们的神"。[②] 他们还指出，即使在今天，印度的天衣派信徒（the gymnosophists）若在晚年得了难以治愈的慢性病，甚至在还没有完全被它控制之前，事实上很可能还能活上许多年，就筑起葬礼的柴堆，把自己放在上面焚烧。有些妇女看到丈夫在自己面前自焚，就

---

① 斐洛可能想到了欧里庇得斯"Heracleidae"中的 Iphigeneia 和 Macaria，只是两者都不适合这里的情形。

② 《申命记》12：31。

急切而兴奋地奔向柴堆，任凭自己活活地与男人的尸体一同焚烧。毫无疑问，这些女子的勇气是大的、值得赞美的，更了不起的是她们轻看死亡，她们带着令人窒息的热情奔向火堆，似乎那是不朽的。

34. 于是他们质问，既然平民百姓、国王和整个民族在情势所迫时都这么做，那么我们为何赞美亚伯拉罕，似乎他所从事的行为是史无前例的？对他们的恶毒和辛辣我答复如下。那些献孩子为祭的人中，有些是照着习俗做的。从上述批评家的叙述看，有些野蛮人就是这样的。有些出于重要而痛苦的原因才这样做，因为不这样做，他们的城池和国家就要毁灭。这些人献出自己的孩子，部分出于更高权能的强迫和压力，部分出于荣耀和尊贵的渴求，在当下赢得声誉，为将来博得美名。就那些出于习俗作出牺牲的人来说，他们的行为似乎没什么了不起的，因为长期存在的习俗往往变得与自然等同，因而在那些忍耐和毅力都难以成就的事上，习俗能把人的恐惧降低到适当的范围，使人感到轻松和安慰。出于恐惧而献上的礼物，没有赞美的价值，因为赞美是为自愿所行的善事记录的，至于那些并非出于自愿的事，则有外在之事作为其原因，比如有利的环境、机遇或者人所施加的力量。人若是出于对荣耀的渴望而舍弃儿女，那他恰恰应受到指责，而不是赞美，因为他竟拿最亲爱之人的生命去交换应当弃之一边的荣誉。即便他拥有荣誉，那也应当是为了确保孩子们的安全。因此，我们必须检查一下，当亚伯拉罕打算献出儿子时，他是否出于以上动机，是因为习俗，爱荣誉，还是因为恐惧。我们知道，在巴比伦尼亚（Babylonia）和美索不达米亚（Mesopotamia）没有这样的习俗，在他成长并生活了大半生的迦勒底国中也没有看到杀子的习俗，所以，不能认为这种惊世骇俗之事是出于这种惯常做法，因而他对它的认识就变得不那么强烈。同样可以肯定，从人而来的事没有一样使他感到害怕，因为没有人知道他单独领受的神谕信息；他也没有面临任何公共灾难的压力，唯有宰杀具有特殊价值的孩子才能挽救灾难。难道是寻求众人的赞美这种动机促使他做出这种行为？然而，在一个荒凉僻静之处，没有一个人在场，没有人能向后世传扬他的名声，甚至两个仆人也被故意远远留在后面，免得有人以为他带着证人见证他的敬虔行为，以便有可夸口的炫耀，这样的情形下能寻求哪种赞美呢？

35. 所以，让他们停止放肆的诽谤言语，止住对卓越者的嫉妒和恨恶，不要再中伤过着良善生活的人的美德，这样的美德他们应当大力称颂，协助弘扬才对。亚伯拉罕的行为确实值得我们赞美和爱戴，从许多方面都可以看到。首先，他表现出对神的特别顺服，每一个思维正常的人都认为这种顺服值得万分尊敬，需要尽最大的努力。迄今为止，他不曾忽视神的任何命令，接受它们时也没有任何抱怨或不满，不论需要付出怎样的艰辛和劳苦，因此他担当了庄严而坚定地向他儿子宣判这样的任务。其次，也许在有些国家人祭是习俗，但在其他国家并不是习俗所认可的，不可能因不断重复削弱人们对它的可怕认识。若是这样，他就是第一个引入一种全新且异乎寻常的程序的人。在我看来，这样的事，即便是心已坚硬似铁的人，也无法下定决心，因为如上文所说的，与自然本性作战是艰难的事。另外，他除了以撒，没有生过真实意义上的儿子，所以他对以撒的感情必然与其对真理的感情是同一层次的，甚至高于贞洁的爱，也高于谈论得很多的友谊纽带。再次，他有一个非常有力的动机爱这个儿子，即他是老年得子，而不是精力旺盛时得子。父母对晚年所生的孩子总是宠爱有加，或者因为他们对孩子盼望了这么多年，或者因为他们不指望再有孩子，自然能力到此为止，这是最后的底线了。子女满堂的父亲献出一个孩子，作为对神的什一税，没什么非同寻常，其他的孩子仍能带给他快乐，这是大大的安慰，能缓解他对所献孩子的悲痛之情。然而，人献出的若是至爱的独生子，这样的行为没有语言可以描述，因为他没有任何亲情关系上的退路，全部分量都放在天平的另一端，即神的悦纳上。以下这点是异乎寻常的，他在这一点上的作为实在是独一无二的。其他做父亲的，即便为了国家或军队的安全把自己的孩子献出去，自己总是或者待在家里，或者远离祭坛，即便在场，也要转开眼睛，因为他们无法忍受目睹这样的场景，只能让别人下手杀子。而这里，我们看到，最亲爱的父亲本人做祭司，主持献他最亲爱的儿子的祭祀仪式。根据燔祭法，他还有可能要把儿子的身体肢解，一块块地献在坛上。由此我们看到，他并非有几分倾向于儿子，有几分倾向于敬虔，而是全心全意地致力于圣洁，无视共同血缘的需要。以上提到的这些方面，其他人能沾上哪一点？哪一点不是完全自足、无须描述的？所以，人只要没有恶意，不是好恶之人，必会对他这种非凡的敬虔大为佩服；无须同时考虑我所提到的所有这些方面，其中随便哪一点都足以说明问题。因为只要在心里描画其中一个方面，不论这画的样子多小——贤人的行为没有一点是小的——都足以表明他心灵的伟大和高尚。

36. 这里所讲述的故事并不局限于字面的和明显的意义，似乎还包含着深入解释的因素，在许多人看来是模糊的，但那些喜欢精意而不是字义且有能力看见它的人却是认得出来的。这种解释如下。这欲献上的祭品在迦勒底语里称为以撒，这个词翻译成我们的语言，意思就是笑。当然，这里的笑不是指在身体上引起的愉快，而是指理解力的美好情感，即喜乐。换言之，贤人以把喜乐献给神为自己的职责，以比喻形式表明，唯有喜乐与神最密切相关。人类很容易忧伤，对灾难充满恐惧，包括当下的灾难和预料中的灾难，所以人要么因眼前的不愉快之事忧愁满怀，要么因担心将来之事不安焦虑。而神的本性毫无忧愁，毫不担心，完全超越了这些情绪，纯粹享有完全的快乐和幸福。心灵既已作出这样真正的认信，神出于他的良善和对人类的爱，就从自己面前除去嫉妒，按接受者的能力适当地回报他相应的恩赐。事实上，我们几乎可以听见他有声音说："我清楚地知道，最大的喜乐和欢欣不是拥有别的，就是拥有我这大全之父。我会毫不吝惜地让相配的人拥有我，所谓相配的人，就是跟从我和我的旨意的人，他只要穿越这条情欲和邪恶不可能踏上，唯有美好的情感和美德才能行走的路，最终就必然完全摆脱忧愁和恐惧。"

不过，谁也不可以为喜乐从天上降到地上之后还是纯粹的，也不沾染一点忧愁。其实，它是喜乐与忧愁的混合体，只不过好的因素更强大一些，正如天上的光是纯粹的，不混合任何黑暗，但在地上，月亮显然混合了幽暗的空气。我想，正因如此，取了美德之名的撒拉先是发笑，然后在回复询问者时又否认自己笑了。① 她担心自己窃取了不属于受造物只属于神的喜乐。因而，神圣的道让她尽可以欣喜，说："不必害怕，你确实笑了，确实分享了喜乐。"因为父不会容忍人类的整个过程陷在无可缓解的忧愁、痛苦和重压之下，而是在里面混入了好的东西，认为灵魂应当不时处在明媚阳光和安然恬静之中；至于智慧者的灵魂，他希望它生命的大部分时间都处在对世界所显示的样子的快乐沉思之中。

37. 我们完全可以找出更多的例子，但这一些已经足以说明亚伯拉罕的敬虔。不过，我们也要考察他在为人处世上所体现出的良善而明智的行为。敬虔的人往往也是友好的，同一个人必然展现出两种品性，对神的圣洁和对人的公正。要描述他的所有行为诚然太过冗长，但说说两三件事并非不合时宜。他在金银上极其富有②，拥有的家畜数不胜数，大量的财富可以与那些富甲一方的本地原住民相媲美，超出了一个移民所可能获得的财富，但他并没有招致接纳他共同生活的人的任何指责，反而一直受到与他打过交道的人的赞美。假如他的仆人或跟班随从与他的邻人发生争执或意见不一，这种事情是常常发生的，他就会尽力不动

---

① 《创世记》18：12、15。撒拉的笑前面已经解释了其明显的含义。这里我们有灵性意义上的解释。笑意指喜乐，不是指怀疑，这在《寓意解经》第一卷Ⅱ.217 f. 和《论更名》166 中已经指明。不过，这两个地方并没有论到随后的否认。这里提出的解释，即灵魂开始怀疑人是否并不拥有喜乐，最多只能指望拥有，也可以在《论特殊的律法》Ⅱ.54 看到。

② 关于亚伯拉罕的财富，参见《创世记》13：2，24：35。

声色地解决矛盾，凭他高大的人格尊严消灭、剔除灵魂里一切倾向于纷争、混乱和分裂的事物。我们既然看到他对那些与他同属一族，但在道德原理上与他疏远，孤立无援，财产远不如他多的人，表现出怎样的谦逊，在他完全可以利用他们的时候，却情愿让自己处于不利地位。既然如此，看到他对外人如此忍辱负重，我们就不会感到惊奇了，因为他若是不讲道义地攻击他们，他们就会联合起来，以更强的力量把他驱逐出境。我们读到①，他有一个侄子，跟随他一起离开家乡移到此地，是个不可靠的、犹豫不决的人，总有点踌躇不定的样子，有时候以充满深情的问候讨好他，有时候因矛盾的心情变得桀骜不驯，难以控制。因而，他的仆人也变得好斗、吵闹，因为没有人管治他们，这在远离主人的牧人身上尤其如此，他们放任自流，脱离管治，总是与贤人的牧人争吵，后者因为主人的温顺，对他们一再忍让。于是，他们越加愚蠢地放肆起来，更加厚颜无耻，心里滋生的情欲之火更加猖獗，根本不可能平息，直到他们的对手迫不得已开始反抗不公正，捍卫自己。眼看着争吵变得非常严重，这位高尚的人虽然听说攻击者怎样遭到反击，也知道他自己一方在力量和人数上远胜过对方，但他没有放任他们，让争吵自行分出胜负，因为他不希望他的侄子看到自己一方因遭受挫败而陷入困境。所以，他站在双方中间，协商办法，使争吵者和解，这不仅对当下有益，对将来也有好处。他知道，如果他们再住在一起，同在一个屋檐之下，就会陷入难以遏制的争吵之中，迟早会激起争战，导致分裂。为阻止这一切，他认为最好不再让他们继续住在一起，彼此相距遥远，安排各自的居所。于是，他找人叫来侄子，让他选择好的地区，欣然同意他选中什么就可以带走什么；因为他想到这样就可以获得和平，这才是最大的所得。试想，人若是强者，有哪个会向弱者让步，哪怕一丁点儿？人若是有力量战胜，有谁愿意被击败，而不利用自己的力量？唯有他不以施

---

① 参见《创世记》13：5—11。

展力量、自我扩张为理想，而以摆脱纷争、享有宁静的生活为理想，由此他表明自己是最可敬的人。

38. 这一故事的真实记载是对亚伯拉罕作为一个人的赞美；但根据那些从字面解释延伸到属灵解释的人，这故事也指明了灵魂的品质（characters），因而考察一下它们必是适当的。这样的品质数不胜数，发端于无数的起点，起源于各样的环境，但是现在要考察的只有两个，一个是高级的，就是年长者；一个是低级的，就是年轻者。高级品质尊重本性上最重要、占主导地位的事物，低级品质则崇尚处于最低的隶属位置的事物。高级、占支配地位的就是智慧、节制、公义、勇敢，被视为整体的美德，以及美德所激发的行为，而低级的就是财富、名誉、职位、好的出身，不是真正意义上的好，只是大众以为的好，还有其他在灵魂和身体之后位居第三也必然是最后的事物。这两种品质都拥有我们可以称为羊群和牛群的事物。热爱外在事物的，有金银服饰，各种物质财富和追求物质财富的工具，还有兵器、装置、三层桨座的战船、骑兵、步兵、海军，产生权力保障的统治权的基础。热爱美德的，有各种独立的美德原则和靠智慧本身发现的真理。可以说，负责掌管这两类事物的，就是看管牲畜的牧人。爱财富或荣誉的人，以将军自诩的人，以及一切追逐支配大众之权力的人，关心的是外在事物；而灵魂之事，则是热爱高尚道德和美德的人所关心的，他们喜爱真正的财宝，不爱伪造的财宝，而不是相反，喜爱虚假的财富，不爱真正的财富。因而，两者之间发生冲突是很自然的事，因为他们没有任何共同的原则，总是在激烈地争论生活中最重要的事是什么，也就是决定真正的财富是什么。灵魂曾有一段时间处于争战状态，就是这种冲突的情景①，因为它还没有完全净化，情欲和疾病仍然胜过它的健康原则，占据上风。但是自从它

---

① 或者"曾是攻击的对象，任凭叛乱产生"，即，这里的灵魂，下面当然也是，等同于它自身好的一面。

开始变得越来越强壮，就借助更高的力量粉碎了对立理论对它的威胁性行为，此后，它就能展开翅膀，同时，它的灵（spirit）也完全长成，于是就在它与它品质中仰慕外在事物之装饰的那一部分之间竖立高墙和篱笆。它与那一部分谈话，就像与人谈话一样，说："你不可能与热爱智慧和美德的人拥有共同的家和共同的纽带。走吧，另去寻找你的住所，让你自己走得远远的，因为你没有，或者毋宁说，不可能有他的友谊。凡是你认为在右边的，他认为是在左边，反之亦然，凡是你认为是错的，在他看来全是对的。"①

39. 然而，这位高尚的人并非只是一味地息事宁人、追求公正，同时他也充满勇气，有战备意识，不是为了交战，因为他不是个好斗或任性的人，而是为了保障将来的和平，对手要破坏的和平。最明显的例子就是他的行为。② 东边居住地由四位王统治，他们掌管幼发拉底河（Euphrates）两岸的东方各国。除了所多玛，其他国家都一直远离骚乱，遵守君王法令，毫不迟疑地缴租纳税。唯有这个所多玛国，在它被火毁灭之前，长期谋划暴乱，开始破坏和平状态。因为此地极其繁华，由五个王治理，他们征收城邑和土地的税赋；此地面积虽然不大，却盛产谷物，树木葱郁，果子挂满枝头，其他国家地大，这个国家位置好，因此它由多个喜爱它的统治者治理，他们都被它的迷人风貌吸引。这些王迄今为止一直缴纳固定的贡赋给税收官，既是出于对主管他们的更高掌权者的尊敬，也是出于畏惧之心。但是他们一直沉溺于对美物的享受之中，饱腻无度，饱腻往往就产生傲慢，于是生出能力之外的野心，先是抖落背上的轭，然后就像恶奴一样，攻击主人，指望骚乱或暴动能成事。然而，这些主人却不忘自己高贵的出身，武装了更强大的力量，对这种攻击不屑一顾，认为不费吹灰之力就可制服敌人。他们一迎战，就

---

① 这显然是对《创世记》13：9 "你向左，我就向右；你向右，我就向左"的喻义解释。

② 见《创世记》第 14 章。

使对手有的狼狈不堪地奔逃，有的成群结队地被杀死，更多的被活捉投入监牢，还收获了其他战利品。此外，他们还抓走了贤人的侄子，就是不久前移居到五城之一的罗得。

40. 有一个从溃退的人群中逃离出来的人，向亚伯拉罕报告了这一消息，使他大为不安。他不可能再保持平静了，这打击实在太大，比听到侄子死了更令人忧伤。因为他知道，死亡，如其名字本身所表明的，就是生命中一切事情的终止，尤其停止了生活中的灾难，而活着却有数不胜数的困苦等着。但是当他预备追击敌人，营救侄子时，却不知找什么盟友，因为他是个外乡人，移居者，考虑到诸王的军队人数之多，新近又得了胜，没有人敢对抗他们不可一世的力量。不过，他在完全陌生的地方还是找到了盟友，因为当人开始从事公正和仁慈行为时，就能在没有资源的地方找到资源。他召集自己的仆人，吩咐那些由交换所得的人留在家里，因担心这些人会逃跑，然后召集家养的人，把他们编成百人团，领着三支军队出发。不过，他并不信靠这些人，因为他们的数量只是诸王军队的零头，他信靠的是神，义人的拥护者和捍卫者。于是他急切地奋力冲击，全速前进，直到晚上时分，当敌人吃完晚餐，准备就寝的时候，他逮着机会，攻击他们。有些人毫无防备，在床上就成了刀下鬼，那些拿起武器抵抗的，也被全部歼灭，全军都被大力制服，与其说被他指挥的军队击败，不如说被他的勇气压倒。他不停地杀敌，直到彻底消灭敌军和他们的王，使他们躺倒在营房前面，方才罢手。他取得了卓越而伟大的胜利，把侄子救了回来，还夺了骑兵的所有马匹，所有其他牲畜，大量战利品。至高神的大祭司看见他带着战利品靠近，首领和军队都毫发未损，他自己的随从一员未折，就对这战绩大为惊异，心想——事实也确实如此——这样的胜利若没有神的引导、眷顾和对他军队的帮助，是不可能获胜的，于是他就把双手伸向天，为亚伯拉罕向荣耀的神祷告，为胜利献上感谢祭，慷慨宴请那些参加了战斗的人，欣然分享他们的快乐，似乎这胜利是他自己的；其实这胜利也确实是他的胜利，因为"朋友的所有就是共同的所有"，如谚语所说的，这对唯一目的就是使神喜悦的贤人来说，就更是如此。

41. 这就是我们所读到的《圣经》故事的字面意义。但那些能够沉思脱去形体的事实和赤裸裸的真相的人，那些与灵魂同在，而不是与身体同在的人，会说这九个王之中，四个是指我们身上四种激情即快乐、欲望、畏惧、忧愁所产生的力量，而五王是指五个感官，即视觉、听觉、味觉、嗅觉和触觉。因为这九者在一定意义上得赋支配权，是我们的王和统治者，但它们并非以同一种方式统治。五官服从于四种激情，前者天生就得向后者付费纳贡。忧愁、快乐、畏惧和欲望源于我们的所见、所闻、所嗅、所尝和所触，若没有感官所提供的材料，哪种激情本身都不可能有任何力量；正是这些供给构成了激情的力量，所取的颜色、形状，所说或所听的声音，滋味或香味，可触摸之物的触感，是柔软的、坚硬的、粗糙的、光滑的、温暖的、冰凉的，所有这些都靠感官输送给各种激情。它们若能提供上述贡物，诸王之间就保持良好的联盟；一旦它们不再献贡，不和与争战立即产生；当人的老年及其苦痛来临之后，这样的事显然就会发生。因为到了那时，激情没有一个变弱，甚至可能更强，但视力已经模糊，听力渐渐衰退，各个感官都迟钝起来，再也不可能像以前那样准确地判断每件事物，或者提供同样的贡物了。既然它们确实各方面都变弱了，已经快要垮掉了，那么反对它们的激情就必然能轻易地击败它们。

经上说，五王中有两个掉在坑里，另外三个仓皇逃跑，这话包含很多哲学真理。因为触觉和味觉降到身体的最幽暗处，把专门靠它们处理的东西转移到其内在部分，而眼睛、耳朵和嗅觉基本上跑到外面，脱离身体的羁绊。

贤人从自己的住处观察着这一切。当他看见原本是联盟和朋友的人中间出现越来越大的纷乱，九国之间不再和平，引发了战争，其中四王与五王为争夺统治权相互争斗，他就抓住机会，发动突然袭击，希望在灵魂里建立民主制①，也就是最好的体制，取代暴君的独裁统治，确立合法和公正，取代迄今为止一直盛行的非法和不公正。

所有这些不是我杜撰的故事，乃是事实，是我们可以在自己身上看到的最确定的事实。② 因为感官虽然可能常常保持与激情一致，为它们提供所感知到的对象，但也常常反叛，不愿意再交付同样的款项，或者因为理性这位惩戒者的在场而无法做到。因为理性只要披戴上它的全套甲胄，即美德、理论以及体现它们的学识，装备起这种不可抵御的力量，就大获全胜。必朽坏的与不朽坏的是不可能住在一起的。而九大霸王，即四激情和五感官，是必朽坏的，且是朽坏的源头；真正神圣而圣洁的道，其要塞在于美德，其据点位于数序中的十这个至高无上的完全数字③，这道前来争战，并在神大能的帮助下，轻而易举地胜过上述九王。

42. 此事之后，随着时间的流逝，他心里至爱的、赋有各样美德的妻子离开了他。她处处表现出妻子的爱，与丈夫一起离开他的本族，毫不犹豫地离开自己的本地，一直在异国他乡漂泊，在贫困饥荒中流浪，始终与他并肩作战。任何时候、任何地方，她都站在他的身边，任何时候都没有与他分离，是他生命和生活事件中真正的伴侣，坚定地与他同甘共苦。她不像其他妇女那样，遇到不幸就远远避开，一有好处就随时预备抓住不放；她不论幸与不幸，都欣然接受自己的位分，把它看作适合于已婚妻子的适当试炼。

43.④ 我可以引述许多故事来赞美这位妇女，不过，我这里只提

---

① 斐洛所说的民主制似乎是指国家的各个部分拥有自己特有的权力。

② 九王与公认的四激情加五官在数目上的巧合很自然地使斐洛想到这种独创性的喻义解释。不足之处似乎在于，故事中五王背叛四王不是出于亚伯拉罕的影响力，而比喻中五官拒不协助激情则归因于理性。

③ 关于《圣经》里把十作为完全的数字使用，参见《论预备性的学习》89 ff.（引用了《创世记》第 14 章和其他经文的例子）。关于它在算术上的价值，参见《论十诫》20 ff.。

④ 见《创世记》16：1—6。

其中的一个，这一个必能最清楚地证明其他的故事全是真实的。由于没有生育，膝下无子，她担心神所爱的这个家庭会断子绝孙，于是来到丈夫面前，对他说："我们彼此相悦生活在一起已经很长时间了。但是我们结婚、自然促成男女结合的目的，即生儿育女，却还没有实现，将来也不太可能实现，至少无法指望从我这里实现，因我年事已高。但不可因我不能生育，而连累到你，不能因对我的感情使你无法做你能做的事，成为一个父亲，所以你再娶一房我不会嫉妒，因为你娶她不是出于盲目冲动的情欲，乃是为了成全不可违抗的自然律法。因而，我很愿意为你迎娶一位新娘，我自己所缺乏的，让她来补上。如果我们祈求孩子的祷告得到回应，孩子就是你亲生的孩子，当然也是我所收养的孩子。为避免我有嫉妒之嫌，你若不介意，就娶了我的使女，表面上看她只是个仆人，实质上却具有自主而高贵的出身，自从她进入我家的第一天起，我观察了很多年，证明她出身时虽是埃及人，生活规范上却是个希伯来人。我们拥有很多物质，大量财产，不是移民通常所能有的，因此我们如今使那些以兴旺发达闻名的本地人也相形见绌，却没有后嗣，没有继承人，当然你若听从我的劝告，也许就会有了。"亚伯拉罕对妻子的爱更加敬佩，这种爱从未变老，始终新颖如初，她对将来的精心预见也使他大为叹服，就娶了她赞同的配偶，与她同房，直到她生了孩子，或者如这个故事最可靠的版本所说的①，只同住到她怀了胎；怀胎之后不久，他就出于自己天生的自制，以及对合法妻子的尊重，不再亲近使女。这样，使女就在当时生了一个儿子。再后来，这对合法夫妇，原本对怀胎生子不抱希望的夫妇，却有了自己的孩子，这是对他们高尚品德的回报，是慷慨神的恩赐，远超出他们的期盼。

---

① 很可能如斐洛这里所说的传统惯例所叙述的。很自然地，它们相信亚伯拉罕尽一切可能守节，事实上，这一点完全可以从《创世记》16：6 推断出来。

44.① 我们不必举出更多的例子表明这位妻子的功绩。能证明贤人的例子就更多了，其中有些我前面已经作了详尽的赞颂。现在我要说说有关他妻子之死的事，他在这事上的行为表现我们不可忽略不讲。他失去了一生的伴侣，她的品德我们已经在行文中作了描述，神谕也作了记载，忧伤正要与他的灵魂角斗，此时他迎上前去与它搏斗，如同在竞技场上，并且得了胜。他把力量和百倍的勇气给予激情的天敌，即理性，他终生都是以理性为自己的策士，此时更下定决心顺从理性，它的劝告是多么卓越和有益。劝告说，他不可过于悲痛，似乎这是全新的、从未听说过的不幸事件，也不可漠然置之，似乎根本没有令人心痛的事发生，而要选择中道，舍弃两端，以适度情感为目标；欠自然的债，理应归还，不要因此怨恨，而要悄悄地、慢慢地减轻打击的痛楚。圣书里可以找到这方面的证据，那是永远不可能被证明是虚假的见证。它们表明，他伏在尸体上悲泣了一阵之后，就迅速起身，控制自己，不再号啕大哭，显然这是因为持守智慧原理，智慧使他明白，死不是灵魂的消灭，只是与身体的分离，灵魂超然于身体之外，回到它的原处；它的原处乃是神，如创世的故事里所表明的。因为正如理智的人，没有谁会对归还当还的债务或收回存放在他这里叫他受益的事物而发怒，同样，自然既将她取回，他就不可恼怒，而要镇定地接受不可避免的事。这样，当国中的大臣前来表示同情时，却没有看到他们中间习以为常的那种悲号，没有哭泣，没有哀歌吟唱，没有捶胸顿足，男人女人都没有，唯有一种极其自制的忧愁弥漫在整个家中，他们就感到大为惊异，但是他的余生却实在使他们大为敬佩。由于他非凡而伟大的美德闪耀出荣光，远不是他们自己所能谨守的，所以他们靠近他，呼叫说："你就是从神来到我们中间的王。"这话实在没错，千真万确，因为其他王国都是在人中间确立的，伴随着战争、运动和数不胜数的灾难，这是渴求权力的野

---

① 见《创世记》第 23 章。

心通过他们为争战所培养的步兵、骑兵和海军，加给彼此杀戮的双方的。而这位贤人的王国是凭神的恩赐而来，领受它的高尚之人没有给任何人带来伤害，而是让全体臣民获得并享受美好事物，他原来是向他们传达和平和秩序信息的先锋。

45. 还有另外一段称颂的话由摩西说预言的口里说出，其中说到他"信靠神"。这话若只停留在口头上，是微不足道的事，但要用行动把它实现出来，却是极大的事情。试想，除了神，人还当信靠什么？高位、美名、荣耀、充足的财富、高贵的出身、身体的健康、感官的能力、体力和美貌吗？然而，职位是完全不稳定的，周围有无数的敌人窥视着它，即便有幸得到保障，这安全也伴随着无数的灾祸，那些处在高位上的人要么是灾祸的发动者，要么是灾祸的受害者。名誉和荣耀是最不稳定的所有，在鲁莽者不计后果的脾气和轻狂的话语上飘荡颠簸，即便持久，按其自身的本性也不可能容纳真正的善。至于财富和高贵的出身，它们甚至依附于最卑鄙的无耻之徒，即便局限在有德性的人身上，那也不是对实际拥有者的称颂，而是对他们的祖先和运气的致谢。再者，我们也不可因身体上的天资而过分自傲，在这方面非理性的动物比我们更有优势；试想，有哪个人比家畜中的牛或野兽中的狮子更强壮、力量更大？有谁的视力比鹰或雕更敏锐？谁的听力能与最愚笨的动物驴相媲美？至于嗅觉，谁有比猎犬更准确的辨别力？猎人告诉我们，猎犬能循着气味，准确无误地奔向它不曾看见的遥远的猎物；在狩猎和追踪中，其他动物利用的是视力，猎犬利用的就是它们的鼻孔。那么健康呢？大多数非理性动物都极其健康，并尽可能不生病。美貌？相比之下，我得说，有些无生命之物比人更为俊美，无论男的，还是女的。比如画家、雕刻家所创作的形象、雕塑和画面，总而言之，一切大获成功的作品，无论是在艺术上登峰造极的，还是激发希腊人和野蛮人的热情的都如此，他们把这些作品竖立在最显眼的地方，作为对他们城邑的装饰。

46. 这样说来，信靠神是一种确定可靠的善，生活的慰藉，美好盼望的应验，灾难的消除，财富的收获，与不幸相远，与敬虔相识，幸福的继承，灵魂全面的提升，因它坚定地停留在神身上，他是万物之源，能成就一切事，但只希望最好的事成全。正如那些行在打滑的路上的人，容易摔跤，人仰马翻；那些走在大道上的人，毫无阻碍地大步前进。同样，那些使灵魂按着属肉的、外在事物之路行走的人，只能让它练习摔跤，所有这样的事都非常容易滑倒，根本没有安全性可言；而那些加紧沿着美德原理走向神的人则走在安全、不可动摇之路上，所以，我们可以完全符合真理地说，信靠前一种事物就是不相信神，不信靠它们就是相信神。但是，神圣的道不仅证明他拥有诸美德之王后，即信靠存在者，还是第一个被称为长者①的人。其实在他之前的那些人，有寿命比他长三倍或更多倍的，但是我们没有听说有哪个配得这一头衔，因为真正的长者并不是由他活的日子长短决定的，而是由可赞美的、完全的生活表明的。那些在身体里活了很长年岁，但没有体现出生命之善或美的人，必被称为长寿的小子，从未在与老年相配的学识中得到训练；而倾心于健全理智、智慧、对神的信靠的人，可以恰当地称为长者，这一称呼的意义类似于"第一位"。说实在的，这智慧者就是人类的第一位（the first），如同船的舵手，城邦的统治者，战争中的将军，身体里的灵魂，灵魂中的心智，或者世界上的天，天上的神。神惊异于亚伯拉罕的信心，就回报以信实，以起誓确认曾应许给他的恩赐。这里他不再是作为神与人说话，而是作为一个朋友与熟人说话。在神，原本一句话就是一个誓言，但他说"我指着自己起誓"②，好叫他的心灵变得比以前更确信，更坚定。这样说来，这高尚的人就是长者，第一位，所以他必被呼召；而每一个追求属于反叛的年轻人的、处于最末流的方式的愚

① 《创世记》24：1，英译本为"年纪老迈"。
② 《创世记》22：16。

拙者，就是年轻者和末后者。

　　这就是亚伯拉罕。以上所述全是关于这位贤人的赞颂，如此众多，又如此伟大，但摩西还要锦上添花，说："这人遵守神圣律法和神圣命令。"① 他遵守它们，不是因为有记载的文字教导他，而是非文字的本性赋予他热心，使他跟随那有益的、无污秽的冲动，它们引导到哪里，他就跟随到哪里。人既有神的应许在面前，除了笃定地信靠应许之外，还能做什么呢？这就是民族的第一位和创立者的生平；有人会说，他是个遵守律法的人，但如我们的讨论所表明的，我们毋宁说，他本人就是律法，一部不成文的律法。

---

　　① 《创世记》26：5。参和合本译文："都因亚伯拉罕听从我的话，遵守我的吩咐和我的命令、律例、法度。"——中译者注

第二篇

论约瑟——一个政治家的生平

1. 完全美德得以形成的因素有三：学识、本性和践行。这三者分别体现在摩西给予长者地位的三位智慧者身上。我已经描绘了这三位的生平，认为它们分别是源于教化的生平，源于自修的生平和源于践行的生平，现在我要按这一序列描述第四种生平，那就是政治家的生平。这一名称同样有其代表，体现在先祖之一身上，这位先祖如摩西表明的，从年轻时候起就在自己的职业上接受训练。这种训练第一次是在他约十七岁的时候给予他的，那就是学习牧羊的技巧①，这种技巧与政治家的学识非常接近。由此我想，难怪诗人们常把国王形容为百姓的牧人②，因为成功地牧羊将产生最好的王，羊群虽然不必给予很多的思考和关怀，但掌握了牧羊的本领就学会了管理生物中最高贵的羊群——人类。正如对将来要在战争或指挥军队中担当首领的人来说，在猎场上的锻炼是绝对不可或缺的一环；同样，对那些希望管理国家的人来说，没有什么比牧羊更适合的训练了，这使人在发挥权威、行使指挥权上得到锻炼。他的父亲注意到他身上有一种高贵的气质，如同鹤立鸡群，所以对他大为赞赏，非常器重，同时，这个孩子是他晚年所生的——没有什么比这更能使人产生慈爱——所以对他的爱超过对其他儿子的爱。由于他本人就是个热爱美德的人，所以对这孩子也特别、额外地关注，要培养他本性中的火花，希望它不只是阴燃，而是能迅速燃烧为烈焰。

2.③ 然而，嫉妒永远是成就大事的敌人，这里也同样开始作祟，在一个各方面都幸运地日益兴旺的家庭中造成分裂，煽动多位弟兄与一位

---

① 《创世记》37：2。

② 《伊利亚特》I. 263，其他地方也常有这种说法。

③ 以下叙述非常接近《创世记》第37章的记载。

作对。他们对约瑟（Joseph）表达恶意，与他父亲的善意对抗，父亲对他有多爱，他们对他就有多恨。不过，他们并没有把那样的仇恨大声说出来，只是彼此之间心照不宣，保守秘密，因此很自然地，这种仇恨变得越来越深。因为情绪被禁锢起来，找不到宣泄的通道，被堵在里面，就会变得越来越强烈。约瑟本性单纯清白，对潜伏在他哥哥们心里的嫉恨一无所知，反而相信他们都是友好的，于是把自己所梦见的一个意味深长的梦告诉了他们。他说："我想，当时正值丰收的时节，我们全都得到田里去收割庄稼。我们拿起镰刀，正在收割的时候，突然我的禾捆起来，直直地站着，而你们的禾捆，似乎听到了一声号令，在惊异中迅速上前，对我的禾捆跪地下拜，致以最大的敬意。"他的哥哥们原本都是聪明机智之人，精通有关象征符号的解释，通过合理的推断揭示晦涩的含义，因而回答说："难道你认为你要做我们的王管辖我们吗？你编造的这一异象岂不就是暗示了这样的意思？"于是，他们找到了支持仇恨的新理由，怒火就更加熊熊燃烧起来。他却毫无觉察，几天以后又做了一个比前者更令人吃惊的梦，又把它告诉他的哥哥们。这次他梦见太阳、月亮和十一个星向他下拜。这梦引起了他父亲的好奇，他把此事放在心里，留心观察，看结果会怎样。但他又担心这孩子犯了一个严重的错误①，就重重责骂他说："你似乎是说，太阳就是你父亲，月亮就是你母亲，十一个星就是你十一个哥哥。难道我和你母亲、你弟兄果然要向你跪拜吗？我的儿啊，不要让这样的念头进入你的心里，让你在梦中看见的景象渐渐消退、忘了它吧。因为盼望并渴望统治你的家庭，在我看来非常可憎，而且我想，凡是关心亲人之间的平等和公正的人必然都会这样认为。"

但是，雅各担心如果约瑟与兄长们继续在一起，他们对他所梦见的异象的妒忌会使他们滋生骚乱和争吵，于是就打发他们出去放羊，把约

---

① 或者"担心自己犯了一个严重错误"（把梦存在心里）。

瑟留在家里，让他们分开一段必要的时间。他知道，人们都说时间是医治灵魂疾病和失调的医生，时间能够消除忧伤，平息愤怒，治愈恐惧，时间能缓解一切，甚至自然难以医治的疾病，它也能治好。然后他估摸着他们心里应当已经不再满怀嫉恨的时候，就派他出去，一方面是问候他的兄长们，另一方面让他看看他们过得怎样，羊群看管得如何。

3. 这次出行最终成为大恶和大善的源头，在两方面都超出了人所能预料的范围。约瑟遵从父亲的吩咐，到他哥哥们那里去，但他们一看到他远远地走来，就彼此谈论，所用的语言非常阴险，充满恶意。他们甚至不愿俯就称呼他的名字，只是称他为做梦的，散布异象的，以及诸如此类的词。他们的愤怒已达到极点，虽然不是一致同意，却也是大多数同意，要设计害死他，而且为避免被人发觉，他们决定把他的尸体扔进地下的深坑里。那个地方有许多这样的坑，是用来储蓄雨水的。只是在长兄的劝说下，他们勉强听从，没有做弑弟这种最可诅咒的事。长兄力劝他们让灵魂保持清洁，不可染指那样可恶的行为，只要把他扔进深坑就行了；他这样说是想找出某种方法救他脱离他们的手，希望等他们走开之后就把他拉上来，将他完好无损地归还他们的父亲。他们接受了他的建议，此时，约瑟走近了，问候他们，他们却一把抓住他，似乎他是战场上的敌人，剥了他的外衣，然后用绳子把他吊下敞开的深坑里。他们把他的衣服用一只羊羔的血染了，打发人送到他父亲那里，编造谎话说野兽把他吃了。

4. 恰好那日有一支商队经过那条路，他们常常从阿拉伯运货到埃及。兄弟们就把自己的弟弟从坑里拉上来，卖给了这些商人，提出这个计划的是老四。我想，他是担心约瑟会被其他因对他愤怒而变得残忍的兄弟恶毒地杀害，就劝他们把他卖了，以贩卖为奴这种较小的恶，来取代谋杀这个更大的恶。他们卖他时长兄并不在场，所以，当他往坑里看，却没有看到不久前被扔在里面的童子时，就大声哭喊起来，撕裂了自己的衣服，发疯似地横冲直撞，捶头揪发。他叫喊着："告诉我，他究竟怎样了？是死是活？若是死了，就让我看见他的尸体，我好扶尸悲号，使这灾难显得有所缓和。我若看见他躺在这里，就得安慰。我们为何对死人还要怨恨？不能把嫉妒强加到死者身上。他若还活着，那他究竟去了哪里？落到了谁的手里？你们要告诉我实情，不能像怀疑他那样怀疑我，拒不信任我。"于是他们说，他已经被卖了，又拿出所卖的价钱给他看。"你们做了一宗好买卖"，他说，"我们就分了这钱吧。我们与奴隶贩子竞争恶之冠冕；我们就戴上这冠冕，好夸口我们在残忍上超过了他们，因为他们的目标是针对外人，而我们却针对自己最亲最爱的人。一种伟大而新颖的方式已经产生，一种闻名遐迩的耻辱。我们的先祖留给全世界的是关于他们高贵行为的记载，而我们将留给子孙后代有史以来最大的关于我们的背信和残暴的丑闻。因为一旦有重大意义的事件做成了，关于它们的传闻就会传遍每个角落，若是值得赞美的事，就引起敬佩，若是罪行，就受人指责，被人轻视。关于这事，我们的父亲会得到怎样的报告呢？他原本特别幸福、特别快乐，但我们使他的生活变得难以忍受。究竟是哪个最可怜，是被卖为奴仆的人，还是残忍出卖的人？可以肯定，我们远比他更为可怜，因为遭恶不如行恶更令人痛苦。前者得到两种伟大力量的支持，就是怜悯和希望；后者什么都没有，还被众人论断为最恶者。但我又何必这样疯狂哀叹呢？最好还是保持平静，免得自己也成为某种可怕命运的牺牲品。因为你们是脾气极其野蛮、毫无怜悯之心的人，每个人心中的残暴仍然是剑拔弩张"。

5. 他父亲听到的不是真实的消息，儿子被卖了；而是谎言，说他死了，并且似乎是被野兽吞吃的，他听到的话和看到的东西就像一记重拳打在耳朵和眼睛上。送到他面前的约瑟的衣服破烂不堪，污迹斑斑，染有大片殷红的血。极度的悲伤使他晕倒了，他双唇紧闭，躺了很长时间，甚至无法抬头，这一噩耗把他彻底打倒了。然后，突然他泪如泉涌，淋湿了双颊、下巴、胸口以及自己的衣服，剧烈抽泣，呜咽着说出这样的话："孩子，不是你的死，而是你的死法使我如此悲伤。你若是埋葬在自己的土地上，我也能得安慰，能在你病床边看着你、照顾你，你临死前与你互道再见，合上你的眼睛，扶着你的尸体哀哭，为你举行隆重的葬礼，尽一切传统仪式。不仅如此，即使你在异国他乡，我也会对自己说：'老头，节哀吧，是自然收回了属于她的事物。'独立的家国只是就活人而言的，对死人，每块地都是坟墓。死亡不会早早地临到人，或者毋宁说，死亡总是早早地临到每个人，因为与永恒相比，活得最长的人的寿命也如同瞬间。实在说，你若不得不死于暴力或预谋，那为何不是被人杀死？那样对我倒是较轻的灾难，人多少总会对被害者怀有一点怜悯，可能会掬起一抔土撒在尸体上。就算他们是最残忍的人，最多也不过暴尸于野，拂袖而去，即便这样，还可能会有某个路人经过，停下脚步，看到这样的尸体，对同类产生一丝怜悯，认为应当将它埋藏。然而，事实上，按通常的说法，你却成了那些凶残的食肉动物的饕餮大餐，它们吃了我自己身上的血和肉。我在承受逆境上受到长期锤炼，经历过许多不幸的突如其来的打击，做过漂泊者、异乡人、仆人、奴隶，我的生命和灵魂刻满了那些根本没有理由这样对待我的人的恶意。我见过也听过许多令人绝望的灾难，我还亲身经历了成千上万的患难，已经训练有素，懂得如何节制自己的感情，可以保持无动于衷。然而，没有什么事比这一件更让人无法承受，它破坏、毁灭了我灵魂里的所有力量。还有比这更大、更可怜的伤心事吗？送到我——他父亲——面前的是我儿的衣服，不是他身上的哪一部分，不是手脚，不是一个小小的部位。既然他已经完全消失，根本不可能埋葬什么，他的衣服也不应当送到我面前，徒然引发我无尽的悲伤，使他的遭遇一次次活生生地出现在我面前，无法消除。"他这样悲哭。同时，商人们在埃及又把童子卖给国王的一个内臣，就是他的大厨。①

6. 对这一故事作了这样的字面解释之后，我们最好进一步阐述它

---

① 《创世记》37：36。英译本："把他卖给法老的内臣，护卫长波提乏。"

的隐含意义，因为从广泛意义上说，整部或者大半部律法书就是一个比喻。这里所讨论的人物在希伯来语里称为"约瑟"，在我们的语言里则是"主的附加物"，一个名副其实且十分重要的头衔，因为各种民族中存在的政体对被授予普遍主权的人来说是一种附加。① 其实这个世界就是梅哥洛波利斯（Megalopolis），或者"大都市"②，它有单一的政体，单一的律法，这就是自然的话语或理性，规定了什么该做，什么不该做。但是我们看见无数的地方性城市，有各种各样的政体，其律法也绝不可能一致，不同的民族有不同的习俗，不同的法规，全是额外的发明和添加。导致这种局面的原因在于人们不愿彼此联合，结成团体，不仅希腊人不愿与野蛮人联合，野蛮人也不愿与希腊人结合，就是希腊人或野蛮人自己内部，各人也独自与同族来往。然后，我们看到他们为此找出不是真正原因的原因，比如不合宜的季节，不充足的生产力，土壤的贫瘠，或者国家所处的地理位置，是邻海的、内陆的或者岛屿的、大陆的以及诸如此类的。他们从不提及真正的原因，其实正是他们的贪婪和彼此不信任，使他们不能满足于自然的法令，使他们把一切有利于持相同观点的社群的事物冠以律法的名义。由此很自然地，具体的政体毋宁说就是单一的自然政体的附加，因为不同国家的律法是自然之正当理性的附加物，政治家是终生按自然本性生活的人的附加身份。

7. 另外，《圣经》上说他穿一件彩衣③，这是非常恰当的，因为政治生活是斑驳陆离、多种多样的，人物、环境、动机、不同的行为、不同的场合，都可能产生数不胜数的变化。舵手借助于风向一帆风顺，但

---

① 把约瑟解释为"附加"，不加任何修饰，见《论更名》89 和《论梦》II. 47。不过，在那里把它应用于外在的财富、奢侈品等。这里的修饰语"主的"有助于斐洛作出政治上的解释。

② 斯多亚主义把世界理想设想为一个国家，用"kosuopolites"这个名称来表示，这个词曾用在《论创世》19 中，又出现在《论摩西的生平》II. 51。在这个意义上，与其说它是从其他作家引用的，不如说是从斐洛自己引用的。

③ 《创世记》37：3。请注意故事里并没有提到这一点。

并不局限于一种驾船方法。医生不会只用一种治疗方式对付所有病人，即使对待同一个患者，只要他身体状况发生了变化，治疗方法也要相应调整；他观察病人情绪的高涨低落，精神的饱满空虚，以及一切症状的变化，适时调整他的方案，以有利于健康，有时候用这种，有时改用那种。同样，政治家也必须是一个具有多面性和多种样式的人。在和平时期与战争时期，他必须是不同的人；当胆敢反对他的人是极少数时，他表现为这样的人；当反对他的人很多时，他必须表现为那样的人，用强有力的措施压制前者，但在处理后一种情形时要善用劝告说服；假如卷入了危险，为了共同的利益，他要身先士卒，挺身而出，如果前景只需要苦干就行，他就站在一旁，让其他人来侍奉他。再者，经上说这个人被卖，也非常恰当，因为当未来受欢迎的演说家登上讲台时，就像市场上的奴隶，成了受束缚的奴仆，不再是自由人，并凭着所得到的表面尊荣，成为一千个主人的俘虏。《圣经》上还声称他成了野兽的腹中之食。没错，虚荣潜伏在暗处，把那些沉溺于其中的人抓住、撕毁，它就是一头野兽。然后，买他的人又把他卖了，因为政治家并非只有一个主人，而是有众多的主人，他们把他从这人转到那人，每个主人都等着按顺序轮到自己，而那些被这样一次次卖掉的人就像坏仆人，一次次变换主人，因为他们的秉性可以说反复无常、变化不定，总是在猎奇，所以不能忍受在同一个主人手下被使唤。

8. 这个话题也讲得差不多了。接着来看故事的发展。[①] 童子被带到埃及，并如我所说的，卖入内臣家作奴之后，没几天，他就证明了自己品格和本性的高贵，因而得到管理其他仆人的权力，主持整个家务；因为他的主人已经注意到许多迹象，表明他所说的、所行的都在神的指引和眷顾之下。所以，从表面上看，是他的主人任命他管理家务，实际上这是自然的作为，它正一步步地为他谋得统治所有城邑、一个民族和

---

① 根据《创世记》第 39 章的记载。

一个伟大国家的权力。未来的政治家首先需要在家务管理上得到训练和实践，一个家就是一个微型的城市，家务管理也可以称为一种政治行政，正如一个城市也就是一个大家，治理国家就是对广大民众的家庭管理。这一切清楚地表明，管家与政治家是一致的，尽管两者所管辖的范围在数量和程度上有很大差异。雕塑和绘画也同样如此，对好的雕塑家或画家来说，不论他所创作的作品是多而大，还是少而小，他都是同一个人，表现了同样的技艺。

9. 然而，当他在家政上逐渐赢得很高荣誉之时，他主人的妻子把他看作自己图谋的对象，这种图谋是由淫荡的爱产生的；她被这个年轻人俊美的形体弄得神魂颠倒，又对自己的炽热情欲毫不抑制，于是就提出要与他交合，但是他坚决抵制，断然拒绝，因为自然本性和自我控制的训练根植在他心里的端庄和自制意识是如此强烈。由于她给无法无天的淫欲添火助燃，直到爆发出烈焰，所以她想方设法要得到他，却一次次地落空，最后情欲无法抑制地爆发，她不得不使用暴力。她抓住他的外衣，凭借主人的权力强行把他拉到她的床上，情欲给了她新的干劲，它甚至能给弱不禁风的人力量。然而他表现出在困境中游刃有余的能力，以他的种族应有的率真开口说出以下这番话："什么？你要强暴我吗？我们希伯来人的子孙遵循我们特有的律法和习俗。其他民族允许年满十四岁的人召妓嫖娼，与那些出卖身体的人交往，而不受干涉，而在我们，妓女甚至不允许存活，凡从事这种交易的女子要判处死刑。① 在合法结合之前，我们不知道怎样与其他女子配对，走进婚姻殿堂的是童子和童女。我们所追求的婚姻的目的不是快乐，而是生育合法的儿女。直到今天，我仍守着纯洁之身，我不会在犯法路上跨出第一步，做出通奸之事，这是最大的罪行。就算我迄今为止一直过着不合法的生活，被年轻人的欲望吸引，追求此地的奢侈，我也不应当掠夺别人的合法妻

---

① 参见《申命记》23：17。

子。谁不想流通奸者的血？人们虽然在其他事上各自为政，在这件事上，所有人，任何地方的人都意见一致；他们认为犯人应当死上千百次，所以不经审判就把他们交给那些发现其罪行的人。而你这种放纵言行又把第三种败坏强加到我头上，你命令我不仅犯通奸罪，还玷污我的女主人，我主人的妻子。你不能认为我进入你家里是为了这样的目标，拒不履行仆人的职责，却像一个酗酒的醉汉那样对待买我的主人的希望，贬损他的床笫、他的家庭、他的家属。说实话，我必须尊敬他，不仅作为主人，更作为恩人。他把一切所有都交给了我，不论大小，没有一样不叫我管理，除了你，他的妻子。我难道能做你强迫我做的事，用这样的行为报答他吗？这将是多好的礼物，对先前恩惠多恰当的回报！主人见我是个失去自由的外国人，就尽其所能仁慈地使我成为自主人和公民。难道我这个为奴的要这样对待主人，反过来把他当做外人和没有自由的人？我若是接受这种邪恶行为，我内心将会有怎样的感受？就算我是铁石心肠，面对他时，我该有怎样的表情？不，良心必揪住我，使我即使不被人察觉，也无法直视他的脸。而不为人察觉是不可能的，因为有成千上万的人坐在审判台上审判我的秘密行为，他们不可能保持沉默；更不要说以下这种可能，即使没有人知道这事，或者知道了也不报告，我的脸色、表情、声音等也同样告我自己的密，如我刚刚说过的，我的良知判决我有罪。即使没有人公开谴责我，难道我们不敬畏公正、神的助理法官，审察我们一切行为的公正吗？"

10. 他说得如此深远而明智，但她充耳不闻。欲望强大到能蒙蔽最敏锐的感官。见此情况，他只好逃走，把被她抓住的衣服丢在她手里。他的这一行为使她有借口杜撰故事，策划对这位年轻人的指控，惩罚他。当她丈夫从市场回来，她就装成一个贞洁而端庄的妇人，对淫荡行为大为义愤之人。"你给我们领来一个希伯来家伙作仆人，"她说，"你轻率地、毫不考虑地把你的家交给他，不仅败坏了你的灵魂，还无耻地侮辱了我的身体。他不满足于霸占与他同为仆人的女子，还表现出令人发指的淫荡和好色，竟然企图强暴我，他的女主人。有证据证明他疯狂的堕落行为是清楚而明显的，因为当我极其焦虑地大声叫嚷，并召来那些在室内的人来帮助我时，他对我出其不意的做法大为害怕，就丢下了他的衣服，匆忙逃走了，害怕被人抓住"。她拿出这件衣服，似乎为她编造的故事提供证据。约瑟的主人信以为真，就令人把他下到监里。其实，他这样做犯了两个大错。首先，他没有给他任何辩解的机会，未听这个完全清白无辜之人的解释，就认定他犯有这种最严重的罪行。其次，他妻子提供的年轻人所留下的这件衣服确实是暴力的证据，但不是他所施行的，而是他在她手上所遭受的暴行。试想一想，如果是他用了暴力，那该是他手中留有女主人的衣袍；如果是他遭受了暴力，那就是他失去自己的衣服。不过，他主人的这种十足无知也是情有可原的，因为他的时间全花在充满血污、油烟、灰烬的厨房里，在那里，与其说是身体，不如说是理性，或者理性至少与身体一样，生活在混乱之中，根本没有机会静静地退隐自省。

11. 至此，摩西为我们确立了这位政治家的三种特点，他的牧羊技艺，他的家政能力，他的自控能力。我们已经讨论了前两种能力，最后一种对政治才能具有重大意义。在一切生活事务上，自制克己都是利益和安全的源泉，在国家事务上就更是如此，愿意的人可以从大量显而易见的例子中了解这一点。谁不知道放荡给民族、国家和整个文明世界带来的灾难？因为大部分战争，和那些最大规模的战争，都是由于女子的偷情、通奸和谎言造成的，耗损了希腊人和野蛮人中最重要的精华部分，毁灭了他们各城的年轻人。① 若说放荡的结果是民间冲突和战争，灾难连着灾难，没有尽头，那么显然，自制的结果是安定、和平、完全幸福的获得和享有。

---

① 斐洛无疑首先想到了特洛伊战争。至于把它扩大为复数，也并非不像他所为。另外，他也不太可能没有想到安东尼（Antony）和克利奥帕特拉（Cleopatra）。

12. 不过，现在是时候了，我们应当揭示这一故事留给我们的教训。经上说，买了我们所考察的这位主人公的，是个内臣（阉官），这是非常恰当的，因为购买政治家的大众确实是阉人，徒有生育器官的全部外形，却没有能力使用它们，正如那些患白内障的人，虽有眼睛却不能用，无法看见。那么大众又为何类似阉人呢？这是因为大众看起来似乎践行美德，却没有收获智慧。当一大群完全相异的人混合到一起，他们说的是正确的话，想的和做的却相反。他们喜欢伪造的，不喜欢真实的，因为他们处在表象的支配之下，所行的并非是真正卓越之事。因而，虽然很荒谬，这阉人还是娶了妻子。因为大众追求欲望，就如同男人追求女人，使她在他所说所行上做他的媒介，在大大小小一切事上为他出谋划策，不论是否得体适宜，而对理性的提示往往不加注意。

摩西还称他为大厨，也是非常恰当的。正如厨师的全部职责在于永无止境地为肚腹提供过量的享乐，同样，被认为是政治家的众人，选择悦耳喜人的事物，从而，理解力的张力松懈了，灵魂的精力，可以说，也消散了。至于厨师与医生之间的分别，那是众所周知的事。医生的全部精力放在预备有利健康的事物上，即便味道难闻，令人不快；而厨师只做令人高兴的事，不顾是否对人有益。在一个民主体制里，代表医生的是法律，那些依法统治的人，议会成员，为公众福利的安全和保障考虑的陪审团成员，他们是反对阿谀奉承的证据；而代表厨师的是蜂拥的年轻人群。

13. 大众的欲望就像淫荡的女子一样，向政治家示爱。"过来，小伙子，"她说，"过来，做我大众的情人。忘掉你自己原有的方式、习惯，你受教育的言语、行为。顺从我、服侍我，做一切使我高兴的事。严厉、严谨、毫不妥协的真理之友，在一切行为上呆板、郑重、坚定不移，只坚守有益之事，根本不在意听众的喜好，这样的人，我可受不了。我要搜集一切对你不利的证据，在我丈夫，你的主人，就是大众面前控告你。因为，迄今为止，在我看来，你的行为似乎是不受约束的，你完全没有意识到已经成了一个暴君的奴仆。你若知道独立自主乃是自由人专门拥有的，奴仆是没有的，你就会自我训练，放弃自己的意志，指望我，他的妻子，就是欲望，取悦于我，把这看做是确保他宠爱的最佳方式"。

14. 然而，这位真正的政治家知道得非常清楚，人民拥有主人的权力，但他不会承认自己是个奴仆，相反，他把自己看作是个自由人，所作所为要取悦自己的灵魂。他会坦率地说："我从未学会怎样迎合人民，我也永远不会这样做。既然领导、管理国家的重任放在我的手上，我必会知道如何像好的管家或慈爱的父亲那样去拥有它，正直而真诚地持有，毫无我所憎恨的虚伪。既有这样的心意，我就不会像小偷一样掩饰什么、藏匿什么，而要使我的良知清洁如在光天化日之下，真理就是光。我不会害怕暴君的任何威胁，即使用死来相威胁，也无济于事，因为比起虚伪来，死倒是小恶。我为何要屈从于它？虽然人民是主人，但我不是奴仆，与那宣称登记为最美好、最伟大的国家，就是这个世界的公民的任何人一样，是出身高贵的。既然献礼、诉求、对荣誉的渴求、对职位的谋求、自命不凡之心、对名声的关注、放纵、软弱、不公正，任何情欲的产物，任何邪恶，都不能使我屈服，还有什么东西能支配我，令我惧怕呢？显然，那只能是人的控制，但是人虽然对我的身体有主宰权，却不能主宰真实的我。因为真正的我来自好的部分，我里面的理解力，我准备凭着那一部分生活，几乎不考虑必朽坏的身体，这个像壳一样包裹着我的生长物。有人也许会恶待它，但只要我脱离了里面的冷酷主人和主妇，我就没有什么痛苦可言，因为我已经脱离了最残忍的暴君。这样，我若必须担当陪审员，就要作出公正的裁决，既不因富人的大量财富而偏袒富人，也不因同情穷人的不幸而偏向穷人，我要撕下盖在高位上的面纱，诉讼者的外表，忠实地作出公正的判决。如果我做议员，就要提出于公共有益的提案，即使它们并不令人愉快。我若在大会上讲话，就抛开一切谄媚之话，只讲有益的、使人得益处的话，故意使用指责、告诫和纠正的话，显明清晰的坦诚，而不是愚蠢而疯狂的傲慢。不是欣然接受叫他改进的建议的人，必然始终如一地指责父母、监护人、老师和所有负责的人，因为他们训斥，有时甚至打骂自己的孩子、被监护人、学生，但事实上，把这样的处理称为诽谤、暴行，而不称为友爱和善行，那是不符合道德原理的。我，作为一个政治家，人民的一切利益交托给了我，在为他们谋福利的时候，若表现得连个运用医学技艺的人都不如，那是完全说不过去的。医生不像人们所认为的那样，关心他的病人有怎样美好的运气，或者是否出身高贵，是否有钱，是否是当时最有名的国王或暴君，他只全身致力于一个目标，就是尽其所能治病救人，假如必须使用烧灼或手术，他就拿起火和刀，作为臣民用在统治者身上，作为所谓的仆人用在主人身上。我既奉召为整个国家，而不是某个个人服务，这个国家因其内在固有的欲望所产生的凶猛疾病而备受煎熬，那我应当怎样做呢？我岂能牺牲众人的未来福利，完全像奴仆一样阿谀奉承，关照这人或那人的喜好，作出与自由人完全不配的事？我宁愿死，也不愿说讨好的话掩盖真理，无视真正的福利。如悲剧作家所说：'所以，来吧，火；来吧，刀剑。①燃烧我吧，烧我的肉，喝我黑色的血，把我整个吞噬吧；就算星辰降到地下，大地升到天上，你也不能从这嘴里听到谄媚的话。'因而，当政治家远离一切情绪，超越快乐、恐惧、痛苦、欲望，带着真人的精神，暴君和人民不可能离开他，而是抓住他，把他的朋友和祝福者当做敌人来惩罚。因此，与其说他惩罚了他的受害者，还不如说把最大的惩罚，即混乱无序加于自己头上，于是，他没有学会服从政府这一课，这是极其卓越且终身有益的一课，学会了这一课也就学会了怎样管理。"

15.② 对这些事作了充分讨论后，我们再来看故事的发展。这位年

轻人被一个害单相思的女子诬告，指控他使主人蒙羞，这些指控其实正是她自己所犯的罪行，但被告被下到牢里，甚至没有任何自我辩护的机会。在牢里，他表现出极大的美德，连最卑鄙无耻的牢友也为之震惊，被他震撼，认为他们在他身上找到了对自己不幸的安慰，对将来厄运的防卫。每个人都知道，牢头们是怎样一帮毫无人性、冷酷无情的家伙；本性冷漠，职业又使他们变得更加心硬，日复一日地兽化成野蛮状态，因为他们从来不曾（哪怕偶然地）见过、说过、做过任何善事，唯有极端残暴和冷酷的事。正如体型健美的人，若再给他加以训练，就会变得更加强壮，获得不可抗拒的体力和无与伦比的精力；同样，无论何时，某个本性未开化、未软化的人再加上在残酷无情上受到训练，就变得加倍的冷酷，不为善性所动，不受怜悯的人性影响。正如与好人结伴的人，由于吸取了同伴的喜乐，在品性上得到提高，同样，与恶人同住的人，也受其恶行的影响。所谓近朱者赤，近墨者黑，习俗有一种惊人的力量，能把一切事物强行纳入同样的模式。牢头整日与拦路贼、盗贼、夜贼、暴徒、恶棍以及那些犯有强奸、谋杀、通奸、渎圣之罪的人一起，从每个人身上吸取一点败坏，然后积累起来，从这各种杂色的混合体中生出纯粹的邪恶身体，它融合了每一种污秽。

16. 然而，这样的人中就有一个被这位年轻人的高贵品质感染，不仅允许他有一定安全保障，远离暴力和苦力，还让他管理全体囚徒；这样，他虽然名义上、表面上还是监牢的看守，实际上把职位给了约瑟，这成了对那些被囚禁之人大有益处的源头。就是这个地方，如他们感觉到的，也不能再恰当地称为监牢，而是一个感化院了。因为再没有他们过去日夜遭受的折磨和惩罚，受鞭打、上镣铐，种种可能的酷刑，都取消了；他用智慧的话语和哲学理论责备他们，而老师本人的行为比任何语言更深地影响他们。他自制的生活和各种美德呈现在他们面前，就像技艺高超的工匠的原作，他甚至改变了那些看起来似乎完全不可医治的人，他们因心灵里长期存在的疾病减轻了，就谴责自己的过去，懊悔地说出以下这话："如此伟大的祝福过去在哪里，我们怎么一开始没有发现？看哪，当它照在我们身上，我们就如同在镜子里看见了自己的不适当行为，真令人蒙羞。"

17. 正当他们越来越成为良善时，国王的两位内臣被带了进来，一位是酒长，一位是膳政，两者都被指控并判决犯有玩忽职守罪。约瑟对他们与对其他人一样关注，真诚地希望在他手下的人尽可能地上升到无罪的清白之人的层次。不久，当他在看望囚犯时，发现他们俩非常沮丧和消沉，甚至比先前更不好，就猜想肯定有什么非同寻常的事落到头上，才如此悲伤以至于绝望，于是询问个中原因。他们回答说，他们做了梦，但没有人能解这样的梦，故使他们十分烦恼和不安。他就对他们说："振作起来，把梦讲给我听，只要神愿意，我们必能知道它们的含义，而他确实愿意向那些渴求真理的人显明所隐含的意义。"于是酒长先开口说："我在梦里看见一棵大葡萄树，一根十分精美的藤条从三个根茎上长出来。正值葡萄收获旺季，藤叶茂盛，葡萄累累，我从一串成熟变黑的葡萄上摘了一些，挤在法老的杯里，将杯递给国王。"约瑟想了一会儿，然后说："你的异象是向你宣告好运，你要官复原职。三条根茎表示三天，三天之后，国王必想起你，派人来提你出监。然后他必赦免你，并允许你官复原职，批准你再任酒政，递杯给你的主人。"酒政听到这个解释，大为欢喜。

18. 膳长也对这样的解释非常满意，心想他自己也做了个好梦，尽管事实上完全相反。他看到另一位有令人鼓舞的希望，误以为自己也会有，就开口说道："我也做了个梦。我想我头上顶着三个筐子，装满白饼，最上面的筐子里装满通常为国王预备的各样食物，因为负责国王膳食的人做的美味佳肴品种多样，全是精心制作的。然后有鸟飞下来吃我头上筐子里的食物，贪婪地吞吃，直到吃得一干二净，没有留下丁点。"约瑟回答说："我但愿你从未见过这样的异象，即使见了，也没有向人提起，即使把这样的故事说给了人听，至少远离我的耳朵，使我不能听见。因为没有人比我更不愿做一个传达噩耗的信使了。我同情那些遭遇不幸的人，仁爱之心使我与真实的受苦者感到同样的痛苦。但是解梦的人必须说真话，因为他们是解释神谕的先知，因而我要毫无隐瞒地说实话；在一切问题上诚实都是最好的品质，而在讨论神的信息上，不诚实就是亵渎。三个筐子表示三天。三天之后，国王必下令把你挂起来，砍你的头，必有飞鸟来吃你身上的肉，直到全部吃完。"可想而知，膳长感到迷惑而不安，眼前已经浮现出大限之日，心里预先感到了剧痛。三天之后，国王的生日到了，举国上下都举行庆典聚会，尤其是那些宫里的人。所以，当权贵们在设宴，仆人像在公共节日一样享受时，国王想起了牢里的内臣，就下令将他们提出监来。他见了他们之后，就下令将一个砍头，并钉在柱子上，另一个官复原职，正应验了解梦时所预言的话。

19. 但是，当酒政被主人接纳之后，却忘了那预言了这种和解、减轻了降到他身上的种种不幸的人；也许是因为忘恩负义的人总是忘掉自己的恩人，也许这是神意的安排，他希望临到年轻人头上的幸事是出于神，而不是出于人。两年之后，埃及国王做了梦，梦里向他显示了他的国家将来要遭遇的好事和灾难，两个异象都包含同样的含义，重复出现是为了强化信念。他梦见有七头牛从河里上来，又肥又壮，样子俊美，在岸边吃草。然后又有七头又干瘦又丑陋的牛从河里上来，与前七头牛一同吃草。突然，那又丑陋又干瘦的七头牛吃尽了那又美好又肥壮的七头牛，而且吃了之后，肚子一点也没有变大，反而更加收缩，至少不比原来更大。国王就醒了。后来，又睡着，另一个异象开始困扰他。他梦见一棵麦子上长了七个麦穗，它们大小完全一样，茁壮成长，长得很高，又肥大又佳美。随后旁边又长出七个穗子，又细小又柔弱，却蔓延过来吞吃了长着肥美穗子的麦子。看到这一情景，国王再也无法入睡，一直醒到天亮，心里惴惴不安，像有针刺一样隐隐作痛。天亮后他就派人把国中的博士请来，给他们讲了异象，但没有一个人能提出合理的洞悉到真相的猜测。此时酒政上前来说："主人，我们可能有望找到您所要的人。当我和膳长犯罪被您下到监里时，遇到那里的一个希伯来人，是大厨的仆人，我们把曾做的梦告诉他，他对梦作出了非常准确而巧妙的解释，他所预言的正好发生在我们身上，一点不差，膳长遭了刑罚，而我蒙您的仁慈和恩惠重回宫里。"

20. 国王一听，马上命令他们速速召年轻人上来。他们领命而去，先让他剃了胡子，剪了头发，因为在囚禁期间他的头发长得又长又乱，下巴胡子拉碴；然后他们给他换掉肮脏不堪的囚衣，穿上光鲜干净的衣服，又在其他方面给他一一整理，把他打扮得仪表堂堂，然后带他到国王面前。国王一看他的外表就断定他是个自主的、出身高贵的人，因为我们看见的那些人，其内在的品性并非所有人都能看见，唯有那些理解力之眼敏于洞察的人才能看见；于是国王说："我心里有一种预感，我的梦不会永远隐藏在晦暗不明之中，因为这个年轻人身上有智慧的迹象和指示。他必能揭示真相，如同光穿透黑暗，他的知识必穿透我们术士的无知。"于是就把梦告诉了他。约瑟丝毫不因对方的高位而心生畏惧，而是坦诚直率、不卑不亢地说话，与其说是臣子对国王说话，不如说是国王对臣子说话。"神赐给你他要在这地上所行之事的警告，"他说，"但是不要以为两个异象是两个不同的梦，其实只是同一个梦的重复，这种重复不是多余的，是为了使你更坚定地相信它的真实性。七头肥牛和七个硕大的麦穗都是表示七个丰年，而随后出现的七头又干瘦又丑陋的牛和七个又细又枯的麦穗，都表示接踵而至的七个荒年。前一个七年将产出大量丰硕的庄稼，河水每年涨溢，把田地变成池塘，平原变得前所未有的肥沃。但这七年之后，接踵而至的是另一个完全相反的七年，带来严重的匮乏，丧失一切生存手段，江河不再涨溢，田地不再肥沃，人们必忘掉先前的繁荣，显示原有之丰裕的一切迹象都将销声匿迹。从解释来看，事实就是这样，不过，我又听到神圣声音的提示，要想法预防疾病，如我们所称的；而各城各地①的饥荒是最严重的疾病，我们必须想法削弱它，免得它发展到极致，吞噬居民。那么如何才能削弱它呢？七个丰年里对众人的食物实施必要的定量供应，其余剩下的大约是五分之一，应当在各城各村贮存起来，不要把庄稼运到别处，就在产地就地保存，以鼓励当地居民。庄稼要按刚收割时那样成捆拿来，不可有一点打过的，也不可筛过的②，这有四个原因。其一，成捆贮存能放更长时间，不易腐烂；其二，每年扬谷筛糠时，人们就会记起这是个丰年，因为我们常常发现，模仿我们真实的祝福能不断重复体验快乐③；其三，五谷还带穗带捆的，就无法数算，因而数量上不确定，难以估计。这就预防居民们过早地沮丧，因为假如数量确定，他们看着谷物渐渐消耗，就会生出恐慌。相反，他们就有勇气，有比谷物更好的食物的滋养，因为希望是最好的营养，有了希望就能更轻松地承受匮乏的沉重打击。其四，每次扬谷时筛出的糠麸和谷壳为牲畜提供了饲料。你必须任命一个极其谨慎、头脑清醒、大家都赏识的人来负责这一切，这人必须是能胜任的，不会引发仇恨或公然的抵制，让他来担当这里所描述的准备工作，而不让民众知道将来饥荒的事。假如他们早早地变得胆怯，丧失希望，心灰意冷，那将是非常可悲的事。如果有人问为何要采取这样措施，就告诉他，正如我们在和平时期必须深谋远虑地备战，同样，在丰年里我们也必须预防匮乏。战争、饥荒、逆境通常都是不确定的，我们必须随时准备迎接它们，不要等到它们找上门来了，无计可施了，才去寻找药方"。

21. 国王听到他对梦作了如此准确而巧妙地预示真理的解释，又见

---

① 或者"乡村"；这个词通常用来指农场或庄园。

② 这话没有《创世记》的依据，也没有证据可以推导出。但斐洛很可能听到过或读到过这样的习俗。

③ 即当我们从仓库里取来每年定量供应的五谷扬筛，就是重复做我们在通常的丰收时所做的事，因而就想起丰收的喜悦。

他的建议对将来不确定之事的预见显示出如此非凡的益处，就吩咐侍从靠近他，不让约瑟听到，对他们说："各位，我们还能找到另一个像他一样有神的灵的人吗？"他们一致赞同、应和他的话，他看着站在一旁的约瑟，说："你让我们寻找的人近在咫尺，谨慎而明智的人就在眼前。我们按你的建议寻找的人就是你自己，因为我想，你说出这样的话，神必与你同在。那就来吧，请你担当起掌管我的家，监督整个埃及的重任吧。没有谁会指责我草率，因为我并非出于自负这种很难医治的情绪才这么做的。伟大的事物不需要花很长时间来证明自己，他们的大能使别人迅速、当下就接受他们；而种种事实表明，这件事不允许拖延和耽搁，时间紧迫，我们必须马上做好必要的准备工作。"于是他任命他为国家的宰相，或者说实话，毋宁说国王把头衔留给自己，却把实权交给了这位年轻人，尽一切可能为他增添荣耀。他把打印的戒指交给他，给他穿上圣袍，戴上金链，又叫他坐他的副车，喝道的在前面呼叫，向那些还不知道的人宣告国王的任命。他还根据他解梦的技艺，赐给他一个埃及名字，将埃及最出色的女子，太阳神的祭司之女许配给他。这是敬虔者后来的结局；他们虽然被弯曲，却并未完全折断，而是坚定而顽强地抬起头来，直立，再也不会低头弯腰。谁能想到仅仅在一天之内，同一个人从奴仆变成了主人，从囚犯变成了最显赫的权贵，谁会想到牢头的手下变成了国王的副手，住在宫殿里，而不是监牢里，从而赢得最高贵的地位，而不是最卑鄙的耻辱？然而，只要神愿意，这些事就这样发生了，而且还会常常发生。只是灵魂里必须潜伏着某个高贵的活炭，一旦煽起火星，就必能燃烧成光。

22. 由于我们的目标是在解释字面意思之后考察更高的比喻意义，所以我必须说说需要说的话。也许有些缺乏思考的人会嘲笑我的话，但我要非常坦诚地说，政治家肯定就是一位解梦者，不是食客，不是空谈家，为工钱卖弄自己的聪明，为挣钱借用对梦中异象的解释之术的人，而是习惯于准确地判断伟大而普遍的宇宙之梦，那不只是入睡的人做的梦，也是醒着的人做的梦。在最真实的意义上说，这梦就是人的生活。正如在睡梦中的异象里，我们看见没有看见的，听见没有听见的，品尝没有尝到的，触摸没有摸到的，说没有说的话，行没有行的路，做出其他根本没有做的动作，摆出根本没有摆的姿势，它们全是心里空洞的虚拟，没有任何现实基础，却产生虚无之物的图画和形象；同样，我们醒时所有的异象和幻想也如梦境一般。它们来了，又去了；出现了，又消失了；我们还未安心地抓住它们，它们就飞快地跑掉了。每个人探入自己的内心，就会直接证明这一真理，根本无须从我得到证据，如果他已上了年纪，那就更是如此了。他曾经是个婴孩，然后是幼儿、少年、青年、壮年，最后成为老年人。但是这一切都到哪里去了呢？婴孩岂不是消失在幼儿里，幼儿消失在少年里，少年消失在青年里，青年消失在壮年里，壮年消失在老年里，而老年之后不就是死亡？也许每一阶段都因为把自己的统治权交给了后继者，因而确实经历了一次预先的死，自然由此无声地教导我们不要惧怕终止一切的死亡，因为我们已经如此轻松地承受了先前的死：婴孩的死、幼儿的死、儿童的死、少年的死、青年的死、壮年的死，当老年来临之后，这一切都不复存在了。

　　23. 身体的其他东西难道不是梦吗？美难道不是昙花一现，还未开放就已枯萎吗？健康因随时可能侵袭的疾病岂不毫无安全可言？体力很容易成为由于数不胜数的原因而引发的疾病的牺牲品；感官的准确性是不稳定的，只要出现一点点情绪，就很可能颠来倒去。至于外在的物质，谁不知道它们毫无定性？万贯家财常常在一瞬间化为灰烬。许多开始时获得了最高荣耀的人最终落到光环尽失、默默无闻、无人问津的境地。最伟大的国王如果时运不济，天平上有一点点偏斜，就会眼睁睁地看着自己的帝国大厦倾倒。我所说的有科林斯的狄奥尼修（Dionysius of Corinth）为证，他原是叙利亚的暴君，失势之后逃到科林斯，在那儿这位掌大权者成了一名小学教师。另一个见证人是吕底亚（Lydia）王克罗伊斯（Croesus），原是最富裕的君主，曾希望推翻波斯帝国，但是后来不仅丧失了自己的王国，还被掳为囚，直至被活活烧死。这些全是梦，不仅个人证明这一点，城邑、民族、国家同样证明这一点，希腊人、野蛮人，大陆人、岛屿人，欧洲人、亚洲人，西方人、东方人，无一不证明这一点。任何地方都没有任何事物保持着同样的状态；一切都瞬息万变，兴衰变迁。埃及曾管辖许多国家，但如今却受人奴役。马其顿人（Macedonian）在兴旺时期有过那么伟大的繁荣昌盛，凡是有人居住的地方都是他们的领地，如今却在主人的强迫下每年进贡给税官。托勒密（Ptolemy）家族在哪里？几位继任者的名在何处？他们的光曾照到最遥远的陆地之陲和海洋之端。独立国家和城市的自由在哪里？附庸之地的奴役又在何处？波斯人（Persian）不是曾经统治帕提亚人（Parthian）吗？如今不成了帕提亚人统治波斯人吗？沧海桑田，没有定规，就像在跳棋的棋盘上忽前忽后。有些图景显示他们的未来，好运滚滚，结果却是大的灾难；他们竭尽全力保护的他们以为是美好传统的，结果却发现是可怕的厄运。反过来也一样，当他们以为要遭受灾难时，所遇到的却是好事。对自己的体力、肌肉和强壮非常自豪，指望取得无可置疑的胜利的运动员，常常无法通过测试，被拒在赛场之外，即使被接纳，也失败而归；不指望拿银牌的人却最终赢得金牌，戴上冠冕。有些人夏季起航，认为这是安全出航的时节，却遭遇翻船之灾；有些人在冬季出发，料想可能翻船，却顺利到达港口。就商人来说，有些人急急地奔向确定无疑的利益，却不知等着他们的是大难。而当他们估计要遭受损失时，却反而获得大利。因而，无论哪方面，运气都是不确定的，人事就如在重量不相等的天平上左右摇摆，轻了就往上翘，重了就往下沉，这种不确定是可怕的，包围着生活事件的黑暗非常巨大。我们就如同在睡梦深处挣扎，凭着准确无误的推论并不能领会什么，也不能有力牢固地抓住什么，因为一切都是影子和幻象。就如长长的行列，前面部分过去了，消失不见，如冬季的湍流，水急切而迅速地流过，我们的观察实属徒劳；同样，生活事件从我们身边经过，一路往前冲，虽然看起来作了停留，实际上哪怕一瞬也不曾停留，永远被一扫而空。那些醒着的人，因为没有确定地领会，不能分别睡和非睡，因而自我欺骗，以为自己能凭借其明白无误的推理过程分辨事物的不同本性。每种感官都妨碍它们获得知识，或者受所看见的视觉的引诱，所听到的声音的引诱，各种气息、各种味道的引诱，使它们不时转向，被这些不同的引诱物拖来拖去，使灵魂作为整体无法挺立，毫无羁绊地沿着大路前进。因此，感官把高与低、大与小，以及一切不均等和不规则的东西混合在一起，灵魂的视觉必然在它们所制造的大混乱中眩晕。

24. 由于人类生活充满了混乱、无序和不确定，政治家就必然走上前来，就像巧妙的解梦者，对那些自以为醒着的人的白日梦和幻觉作出解释，按理性给他们提出建议，向他们表明每个异象的真相：这个是美好的，那个是丑陋的；这个是公正的，那个是不公正的，诸如此类；说明什么是谨慎、勇敢、敬虔、合乎宗教的、有益的和有利的，或者相反，什么是无益的、不合理的、不光彩的、不敬虔的、不合乎宗教的、有毒的、有害的和自私的。他还要立下其他教导，比如：这是别人的东西，不要眼红；这是你自己的东西，可以使用，但不可滥用；你有充足的财富，要分出一份给人，因为财富的优点不在于饱足的钱包，而在于帮助需要者；你的财产少得可怜，但不要嫉妒富裕者，因为好嫉妒的穷人不可能得到别人的怜悯；你享有盛誉，得到荣耀，但不可骄傲；你处境卑微，但不可让你的情绪低沉；你应有尽有，但要预备瞬息万变；你经受了很多挫折，但仍要对美好生活心存盼望，因为人事往往会物极必反。太阳、月亮和整个天空都如此清晰明确地显现出来，是由于那里的一切事物都保持不变，由真理本身的标准规定，按和谐的秩序运行，如同最庄严的交响乐；而地上的事物满是无序、混乱，在最完全的意义上体现了不和谐、不一致这样的词汇，因为在地上，深沉的黑暗做了王，而在天上，万物都在最明亮的光中运行，或者毋宁说，天本身就是光，最纯洁无瑕的光。说实在的，人若是愿意探入内在的实在，就会发现，天就是一个永恒的白昼，那里没有黑夜，也没有影子，因为它的周围永远照耀着不可战胜的、纯洁无污的光束。地上醒着的人与睡着的人之间的差别也存在于整个宇宙中，就是属天存在者与属地存在者之间的分别。前者借着活跃的力量总是处于不眠的惊醒状态，这些力量不犯错、不入歧途，总是正确行事，但地上的生命陷入睡眠之中，即使醒来一会儿，也马上被拖下来，重新昏昏入睡，因为它的心灵看不到任何稳定的事物，错误的观点迫使它做梦，陷入黑暗之中，使它只能来回徘徊，蹒跚而行，因而从未碰到过实在，根本不可能坚定而明确地领会什么。

25. 另外，说约瑟登上国王的副车也包含比喻意义，其原因在于：政治家位于国王之后，因为他既不是普通人，也不是君王，而是处于两者之间的人物。在绝对权力上，他比普通人大，但比君王小；他以人民为他的君王，以纯洁无欺的良善信念服务于那个君王是他为自己树立的目标。他高高地坐在马车上，既因他所处理的事务而高高在上，也因围绕在他周围的民众而显得高贵，尤其是当大大小小的一切事物都得心应手，没有出现任何强烈抗议或反对意见，在神的引航下一帆风顺的时候。国王赐给他的戒指最清楚地表明君王和人民对政治家以及政治家对君王和人民的美好信念。他脖子上的金链似乎既表示盛名，也表示惩罚，当国家事务在他手下治理顺利，他就得意，众人就尊重他、荣耀他，但是一旦灾难临到他头上，诚然不是出于他的既定目标，否则就是有罪的，而是运气不好，那原是可宽恕之事，他仍然被脖子上的装饰品拖入尘土；当他跌倒之后，你几乎可以听到他的主人说："我给了你这个项链，当我的事业兴旺的时候，它是装饰品；当事业不顺利的时候，它就是绞刑的绳索。"

26. 不过，我听过有学者对故事的这一部分作出不同的寓意解释。解释是这样的。他们说，埃及王就是我们的心灵，统治我们每个人的身体这块地，得以在身体上施行王权。当这心灵迷恋身体的时候，它的精力就花费在它以为最值得关心和费神的事上：饼、酒、肉；因而，为此提供了相应的三个职位：膳长、酒政、大厨，第一位掌管食物，第二位掌管酒，第三位掌管给肉类加味添色的调料。三人都是被阉了的内臣，因为追逐享乐的人都缺乏最重要的必需品，就是自制、虚己、自控、公正和每一种美德；事实上，没有哪两样东西比美德与享乐更彼此敌对的了，这种敌对使许多人忽视唯一真正值得关注的美德，却去满足永无止境的欲望，无论欲望提出什么要求，都一一顺从。这样说来，大厨没有被拖入牢中，没有遭受任何恶待，乃是因为他所预备的额外的调味品并非最必不可少的东西，不属于享乐，只是对享乐的诱发，这种诱发是完全可以消灭的。另外两人，也就是膳长和酒政却不是这样，他们的职责在于可怜的肚腹。因为生活中最重要的需求就是吃的和喝的，掌管这两项事务的人，若是尽职尽责，自然应该受到称颂；若是玩忽职守，那就惹动怒火和惩罚。两者所受的惩罚也各有分别，因为两者的功用不同，饼和食物是必不可少的，酒就略逊一筹，因为人没有酒，只靠新鲜的水也能活，因而，酒政只是在较不重要的事上犯了罪，尚有可能得赦免。膳长就不一样了，他所犯的事乃是最最重要的，故惹动的怒火要了他的命。缺乏饼和食物的结果就是死，因而，在这事上犯罪的人应当被绞死，以其人之道，还治其人之身，他怎样让别人受死，自己也便受怎样的死，他让别人饿死，实在无异于把人吊起来折磨致死。

27. 这一点就谈到这里。① 看接下来的故事。约瑟被任命为国王的宰相，被提拔为管理全埃及的人，然后他就巡行全国，让所有人都认识自己。他视察各个行省（这是埃及各区域的通常称法），一个城一个城地走访，看见他的人无不对他的到来热烈欢迎，不仅因为他们从他那里得到的益处，而且因为他的形象和举止非常引人注目，具有异乎寻常的魅力。前七个丰年到来了，就如他对梦的解读所预言的，他雇用当地的官员和其他协助他管理公共事务的人从每年的收成中征收五分之一，这

---

① 斐洛以下的叙述根据《创世记》41：46—47：12，没有大的出入。

样，他所聚集起来的禾捆数量惊人，比任何事物都更深刻地留在人们的记忆里。最明显的例子就是，虽然有些感兴趣的人花了大量时间精力，想要作出精确的估算，却根本无法估算清楚。当七个丰年结束之后，饥荒就开始了，并且迅速扩散、加剧，直到埃及无法承受。饥荒蔓延到每个城市、乡村，渗透到东边和西边的边境，迅速波及了埃及周围的整个文明世界。事实上，据说，如此大规模的灾祸降临到整个人类是史无前例的。这类似于医学上所说的疱疹，侵袭每个部位，一步步地蔓延，就像一把火吞噬整个溃烂的身体。于是，每个城市都挑选出最有资格的人，派去埃及，因为关于约瑟按预见贮存了大量粮食的故事已经传遍每个角落。约瑟先下令把所有的仓库都打开，心想这样让他们看了，就能鼓舞他们的勇气，从而可以说，在未喂养他们的身体之前，先用令人安慰的希望喂养他们的心灵。然后，他通过供粮专员把粮卖给想买的人，同时一直预报将来的情形，对未来保持敏锐的洞察，而不是只看到眼皮底下。

28. 既然如此，他父亲眼看生活所需越来越缺乏，对自己孩子的好运却几乎全然不知，就打发了十个儿子来籴粮，只是把最小的儿子，就是法老的这位宰相的同母兄弟，留在家里。这十人来到埃及，与他们的兄弟相见，却不认识他，以为他是外人，出于对他的高位的敬畏，以传统方式向他伏地下拜，从而一见面就应验了他的梦。[①] 他一看见这些卖了他的人，就认出了他们，但他们谁也没认出他来。此时神还不愿意让真相大白，出于令人信服的理由，他要求最好继续保守秘密，由此他可能使这位摄政者的容貌稍有改变，增加了庄严的仪容，也可能使兄弟们的理解力失常，无法准确领会所看见的情景。约瑟年纪轻轻，就升到如此高的位置，权力仅次于国王，受到东方和西方的尊敬，他精力旺盛，

---

① 斐洛很可能想到了《创世记》42：9："约瑟想起从前所做的那两个梦，就对他们说：'你们是奸细。'"

位高权重，正是报仇的好机会，完全可以实施报复行动，但他没有这样做。他坚决遏制住自己的情绪，使它们置于他灵魂的管辖之下，出于精心考虑的目的，他假装对他们冷淡，表情、声音和其他举止都装出生气的样子。他说："喂，你们的动机不是出于和平。你们是法老的仇敌之一派来做奸细的，你们答应为他提供这种卑鄙的服务，以为不会被人发觉。但是任何阴险的行为都不可能不被发觉，不论它藏匿得如何深。"兄长们试图为自己辩解，坚持说这指控没有任何事实根据。他们说，他们不是受恶人所派，他们自己对这国家的人民也没有任何敌意，永远不可能受雇于人做这样的事，他们原本是本性爱好和平的人，几乎从摇篮里就在行为严谨的父亲的教导下，开始学习崇尚平和而宁静的生活，并且备受神的宠爱。"这位父亲有十二个儿子，最小的留在家里，因为还未到出门的年龄。十个就是现在站在你面前的，还有一个没了。"

29. 他听了这话，发现这些卖了他的人竟然把他当做死人谈论。我们想一想，他内心里会有怎样的感受呢？他虽然没有把感受表现出来，但他们的话点燃的隐秘之火在他内心里焚烧。尽管如此，他仍然用威严的语气说："如果你们真的不是来窥探这地，那就在这里留一段时间，写信让你们的小兄弟来这里，以表明你们对我所言属实。如果你们考虑到你们的父亲会因与你们长期分离而惊慌，而急于离开，那就打发你们中间一人回去，其余的留在这里做人质，直到把你们的小兄弟带来。对这命令若有不从的，必致死刑。"他露出严厉的表情威胁他们，带着大怒的面容拂袖而去。于是他们满心忧伤和沮丧，开始自责起先前谋害兄弟的事来。"我们做的恶事，"他们说："导致今天不幸的困境。公正，这位人事的鉴察者，正在策划对我们的毁灭。有一阵子她没有动静，但如今醒了，对那些罪有应得的人显示出不能和解、不徇私情的本性。还有谁比我们更罪有应得，因为我们无情地不顾我们兄弟的祈求和哀号，降祸于他，其实他根本没有过错，只是出于亲情，把我们看作至亲的人，把他梦里看到的异象告诉我们，我们却因此怨恨他，以无比的残忍和野蛮对他做出邪恶的行为，这是事实，迫使我们不得不承认。因而，我们应当预料到今天这种困境，甚至比这更糟，虽然人类中唯有我们将自己的高贵头衔归于父亲、祖父和先辈非凡的美德，但我们羞辱了自己的家庭，仓促地把卑陋的行为和丢脸的事加在自己身上。"兄弟中的老大当初在他们策划阴谋时就反对他们，他说："懊悔做过的事是没有用的。我曾向你们说明这是大罪，恳求并劝告你们不要放任自己的怒火，但你们却不接受我的忠告，任凭你们的恶谋自行其是。我们的任性和不敬必将受到报应。我们对他策划的阴谋受到审查，只是这审查员不是人，而是神，或道，或神的律法。"

30. 他们这么悄声地谈着，不知道他们所卖的兄弟听得懂他们所说的，因为原本有通事为他们传话；约瑟听了他们的话，情难自禁，几乎落泪，就转身退出，免得被他们发现，到外面痛痛快快地大哭了一场。等到情绪稍为平息后，他擦干脸上的泪痕，回到他们那里，下令当着他们的面把老二捆绑起来。这位兄弟对应他自己，因为在一个大数里，第二对应于倒数第二，正如最大的对应于最小的。也许他还认为那个兄弟对恶事负最大的责任，因为几乎可以把他称为他们的指挥，他们所行之恶事的元凶。他虽然比老大年轻，比其他兄弟年长，但若能在商讨良善和仁爱之事时与老大并行，那么这恶行完全可能被制止。两个在地位和尊严上最高的人若是在有关的观点和目标上联合起来，这本身就有很大的分量，可以改变命运的天平。但是，事实上，他离开温和、良善的一边，跑到残忍、野蛮的一边，担任他们的首领，极力怂恿与他合谋的犯罪分子，使他们毫无顾忌地表演犯罪竞赛。我想，正是出于这样的原因，约瑟把他从他们中挑出来捆绑。

正当其他兄弟准备着返回的行程时，这位摄政者吩咐人把粮食装满他们的器具，显然是把他们看作客人对待；其次悄悄地把他们付的价钱放在各人的口袋里，不让他们知道银子归还了；最后，还给他们额外的施舍，即专门为路上备用的粮食，好叫所籴的粮食颗粒不少地带到目的地。兄弟们上路了，心里很自然地可怜那被捆绑在埃及的兄弟，同时想到他们的父亲也将无比忧伤，他又将听到噩耗，每一次出门都会损失孩子，他会有怎样的感受呢？他们说："说实话，他甚至不会相信他被捆绑扣押，而认为捆绑只是掩盖死亡的借口，因为人一旦受过重击，就会发现自己常常遭遇同样的灾难。"他们这样说着，不知不觉夜晚来临，他们就卸下驴背的负担，这些牲口是放松了，但他们自己却感到忧虑，压在他们心上的负荷更重了。因为当身体松懈下来时，心灵对灾祸产生了更清晰的认识，由此感到极度的痛苦和压抑。

31. 他们中间有一个人打开了一个口袋，看到鼓鼓囊囊的钱包，一数，正是籴米所付的价钱，如数归还了他，他满心惊异，把此事对兄弟们讲了，他们怀疑这不是礼物，而是陷阱，便惊慌失措起来。他们应当检查所有的口袋，但因为实在太担心有人追赶，就急忙出发，全速赶路，几乎大气不喘一口地奔跑，把多天的路程用短短几天就走完了。然后他们围在父亲周围，拥抱他，哭了一阵子，之后，他们的父亲又分别与每个人拥抱，把他们紧紧拥在怀里，各人都亲吻他，但是此时他心里已经有了某种灾难的预感。在他们走近，向他问安的时候，他就注意到了他们的异样，他以为那个实际上被扣留的儿子只是落在后面，便一边埋怨他脚步迟缓，一边朝不同方向张望，巴望能看见孩子安然归来。然而，门外再没有人出现，他变得焦虑不安。见此，他们说："就灾难而言，知道真相比心怀疑惑少点痛苦。知道了真相，可能会找到通向安全的路径，不知真相，徒劳疑惑，只能导致困惑混乱，无路可走。那就请听一个故事吧，它虽然令人痛苦，我们却必须讲出来。与我们同去籴粮但没有与我们一同回来的兄弟仍然活着——你心里千万不可有以为他死了这种更糟糕的担心——只是，他虽然活着，却被埃及的摄政王扣留在那里，那人或者由于有人提出的指控，或者出于他自己的怀疑，指责我们是奸细。我们作了所需要的一切辩解，对他讲了你，我们的父亲，没有与我们一起的兄弟，一个死了，另一个留在你身边，因为如我们所说的，他年纪太小，考虑到他的年龄就留在家里。但是，我们这样毫无保留地抖搂我们家庭的全部事实，却丝毫没有解除他的怀疑。他对我们说，唯一能使他承认我们所言不假的证据就是把最小的兄弟带到他面前，为确保这一点，他扣留了老二作为小兄弟的人质和担保。这一命令比任何事情都令人痛苦，但与其说是发命令的人加于我们头上的，不如说是时世的需要加给的，因此，我们必须听从这一命令，以便得到唯有埃及才有的那些粮食，供给深受饥荒之苦的百姓。"

32. 他们的父亲长叹一声，说："我该先为谁哀号呢？是为我次小的儿子吗？在不幸遭遇上他不是最后一个，而是名列第一；是为第二个儿子吗？他得了灾祸的第二块牌子，虽然没死，却被捆绑；还是为最小的儿子？他若去了，必是踏上一次有真正恶兆的旅程，此前却从未经受过他兄长们所经历的困难。而我的肢体被一部分一部分地分解，因为孩子就是父母身上的部分，不久前还被认为是一个美满、人口众多之家庭的父亲，现在却似乎要成为无子的孤寡老头。"于是他的大儿子说："我把我的两个儿子，我仅有的孩子交给你作人质。如果我不能把你交托给我的兄弟安全地带回来还给你，你就杀了他们。这位兄弟去埃及将使我们获得两大利益，首先是清楚地证明我们不是奸细，也不是敌人，其次是能解救我们的兄弟脱离捆绑。"父亲非常悲伤，说他不知道该怎么办，两个同一父母生的兄弟，一个已经死了，留下凄凉、孤独的另一个，现在又要面对可怕的行程，一路上回想兄长所遭受的恐怖，岂不如同活受罪。当他这样说时，他们就推出老四，他们中间最勇敢的兄弟，具有王者风范、说话很有威力的人，让他做说客，把他们大家的想法说出来。那就是，由于生活所需日益短缺，他们带回来的第一批粮已经所剩无几，他们应当出发去买更多的粮，但如果不带上最小的兄弟，他们就不可能去籴粮，因为没有他，埃及的统治者就不允许他们出现在那地。他们的父亲依据他的智慧作出判断，认为把一人交给模糊不定的未来摆布，好过让众人遭受毫无疑义的毁灭命运，因为严重的饥荒、致命的灾难将把这样的命运降到全家人头上，于是他说："既然必然性强过我的愿望，我只能服从，更何况万一自然有什么美好的恩赐留着呢，它只是不想让我们心里明白。那就如你们所提议的，把小儿带去，一同出发吧，但不要像前一次那样去。前一次的时候，你们不为对方所知，不曾遇到致命的灾难，只要拿钱去买粮即可，但这一次你们必须带上礼物，原因有三：安抚你们说认识你们的那位宰相和粮食供应者；用不菲的赎金速速救出被囚者；尽你们所能消除以为你们是奸细的怀疑。那就带上我们地上出产物的样品，也可以说初果，再带上双倍的银子，并将你们前一次带去又归还的银子也一并带上，也许那是出于某个人的疏忽，总之要带上足够籴粮的钱。再带上我向拯救我们的神所献上的祷告，你们作为那地的外人，但愿能使当地的居民满意，也愿你们平安归来，把被迫做人质的兄弟，他的儿子归还你们的父亲，包括先前扣留捆绑的和现在你们带走的，没有生活阅历的这个童子。"

33. 他们就出发，急急地下埃及去。几天之后，到了埃及，宰相看见他们，非常高兴。他吩咐家宰准备一顿丰盛的饭食，并带他们进屋分享他的宴席。他们被引进屋，但不知道会对他们做什么，所以感到惊慌和困惑，猜想必会诬告他们是贼，偷了上次他们在口袋里发现的籴粮的银子。于是他们挨近家宰，为自己辩解，说明他们在这样的事上是有道德良知的，没有人胆敢指责他们，同时他们拿出带来支付的银子给他看。但是家宰回答他们的话既亲切又友好，使他们振作起来。他说："没有人会如此不敬地诽谤神的施舍，就是我所求告的赐怜悯的神。他赐给你们财宝在你们的口袋里，这样不仅给你们提供果腹的口粮，还给你们需要花的钱财。"得到鼓舞之后，他们就一一拿出从家里带来的礼物，当这家主人回来时，就把礼物呈献给他。约瑟问他们好，又问他们先前说过的那位父亲是否还在；他们回话时没有说到自己，只告诉他，他们的父亲平安，他还在。约瑟为他求福，宣称他是最受神眷顾的，然后他举目环顾，看见了便雅悯（Benjamin），他同母的兄弟，无法控制自己的感情，为不让他们察觉，因为相认的时机还未成熟，就赶紧借口有急事，退到家里的一个角落里，放声大哭，让眼泪尽情流淌。

34. 然后他洗了脸，用理性强忍住难以平静的心情，回到客人面前，引他们入席，此前已经释放扣留为小儿做人质的囚犯。其他埃及权贵与他们一同设宴。招待的方式遵照各自祖先的习俗，因为他极不赞成忽视古老的传统，尤其在快乐多于烦忧的节期庆典的时候。客人们开始入座，都按他的吩咐依长幼顺序坐好，因为在喜庆的聚会上斜靠着坐是不合当时的习俗的；他们很惊奇地发现埃及人也喜欢希伯来人的风格，很在意长幼次序，知道如何区分对年幼的与年长的不同的尊敬。① 他们说："这个国家的生活方式之前是不那么讲究的，直到这个人执掌了国家大权，引入了好的秩序，不仅在和平、战争时期举足轻重的大问题上讲究次序，还在那些属于生活次要方面的不那么重大的问题上也如此。因为欢宴需要的是喜庆，过分严肃和一丝不苟的客人没有立足之地。"就在他们这样悄悄地赞美他时，饭菜摆了上来，只是并非豪门盛宴②，因为他们的主人考虑到饥荒，不喜欢在别人都在忍饥挨饿的时候有奢侈的念头；而他们又敏锐地把这一点也纳入他们对他的歌颂之中，即他避免犯毫无品位地炫耀摆阔这种可恶的错误。他们说，他既保持了同情穷乏人的态度，也保持了作为宴席主人的姿态，执两端而持中，不因任何一边的角色受到指责。这样说来，饭局并没有破坏胃口，而是非常合宜，即使有什么不足，也因在频频干杯、祝愿和邀请多吃中所体现出来的热情和好意得到补偿，显示慷慨、有教养这些气质的事物比那些追求奢侈宴乐的人为自己和别人提供的精心准备的美味佳肴能给人更多的快乐，后者只是炫耀和卖弄根本不配在意和重视的东西，没头脑的人才会这么做。

---

① 见《创世记》43：33，"约瑟使众弟兄在他面前排列坐席，都按着长幼的次序"。

② 斐洛可能从"摆上了饼"这话——与《创世记》第 18 章里更为精心准备的食物形成对照——里为这一观点找到根据。他显然忘了前面约瑟曾吩咐管家要预备丰盛的饭食。

35. 第二天，天一亮他就派人找来家宰，吩咐他把那些人带来的口袋全装满粮食，又把各人籴粮的银子全放在各人的口袋里，并将最上好的银子，就是他平时用的银杯放在那少年的口袋里。家宰在没有人的时候，轻松地执行了主人的吩咐。他们对这些秘密一无所知，情绪高昂地出发了，到现在为止，好运大大超出了他们的指望。他们原本以为会受到诬告，说他们偷了还回他们口袋的银子，以为找不回那作为人质被扣留的兄弟，还可能失去小弟弟，那强迫他们带他来的宰相很可能会强行扣留他。然而结果比他们最乐观的指望还要好。他们没有受到指控，而是受邀与主人同宴，这是人们发明出来表示真正友谊的方式。他们未经任何干涉和祈求就带走了毫发未损的兄弟。他们还将把童子平安、完好地带回去还给他父亲；他们在洗刷了奸细的嫌疑的同时，还带回大量粮食，而且还能怀着轻松的心情展望将来。"万一粮食不够，"他们想着，"我们也不必像以前那样满心惊恐地离家，而可以心情愉快地去埃及，知道那国的统治者不会像外人，而会像私交一样对待我们"。

36. 正当他们处于这种状态，心里忙着想这些问题时，一场突如其来、意想不到的尴尬降临到他们头上。家宰根据他主人的命令，带着一大群仆人追上来，挥舞着手臂，叫他们停下。他急切地、上气不接下气地赶到他们面前，说："你们自己使先前对你们的指控生效。你们恩将仇报，再次踏上同一条邪恶之路。你们偷了籴粮的钱，又犯了更大的罪，因为罪行若得到宽恕，就会变本加厉。我主人举杯祝福你们，你们却偷了他最精美、最值钱的杯子。你们表现得如此感恩戴德，如此热爱和平，似乎完全不知道'奸细'的含义，你们带了双倍于以前应付的钱来，这些显然都是一个陷阱，用来网罗更多的掠夺物。但是恶行不会猖獗太长时间；它总是妄图隐在暗处，但最终为人觉察。"当他以这样的口气说话时，他们站在那儿目瞪口呆，突然陷入了最令他们痛苦的情绪之中，既悲伤又恐惧，他们甚至说不出一个字。太过意外的灾难能使雄辩家也变成哑巴。他们虽然已经身心疲惫，但不希望他们的沉默被理解为在受良知的审判，于是他们回答说："我们怎样才能为自己辩解，向谁辩解呢？请你为我们作论断；你现在虽是我们的指控者，但根据你与我们接触的经验，当别人指责我们时，你更应是为我们辩解的人。试想，我们发现了口袋里的钱，虽然没有人对我们提出质疑，还是再次带来支付，既这样，难道我们的品性一下子完全改变，以至于抢夺、盗窃我们恩人的财物，以此来报答他，请问，这可能吗？不，我们没有这样做，但愿这样的念头从不曾进入我们的心里。我们兄弟中，若从谁那里搜出来，就叫他死，如果真犯了这样的罪，我们就判定他死刑，这出于多个原因。首先，因为贪婪和渴望别人的东西是违背一切法律的；其次，试图伤害恩人是最难以容忍的行为；最后，对于以自己的高贵出身为豪的人来说，若是犯了辱没祖先威望的罪行，被人指控，那是最可耻的事。如果我们中有谁犯了这样的盗窃罪，他就符合以上所有罪状，就叫他死，因为他的行为该死上一千次。"

37. 说了这些话，他们就取下驴背上的口袋，让他仔细搜查。他清楚地知道杯子放在小童的口袋里，因为是他自己悄悄放进去的，但假装从老大开始搜查，按长幼次序一个一个地搜过去，他们一个一个把口袋打开给他搜，最后搜到童子身上。一看到所搜之物真的在他的财物中找到，整队人发出一声悲叹。他们撕碎衣服，哭泣、哀号，为现在还活着却有死等着他的兄弟悲号，也为他们自己和他们的父亲悲号，他预言灾难会降到他儿子头上，因而一直不同意他们要把这兄弟一同带去埃及的想法。他们满心悲哀、不知所措地沿着原路回到城里，对这件事胆战心惊，认为这是出于邪恶的阴谋，而不是他们的兄弟贪婪。当他们被带到宰相面前之后，他们以真挚的情感表现出对兄弟确有真情爱意。他们全体跪下，似乎都犯了盗窃罪，一种仅仅提及就是一种侮辱的指控，哭泣着恳求他，他们愿自己任他处置，自愿做他的奴仆，他们称他为主，称自己为他的奴仆，任何形式的奴仆，被弃的①、家养的、市场上买的；凡是屈辱的名，他们都加诸己身。但是他为了进一步试探他们，装出非常严厉的样子说："我想我永远不会这么做，为一个人的罪囚禁这么多人。有什么理由让没有参与犯罪的人一同受罚？那边的那个，他一人做了这事，就让他一人受罚。我听说，你们进城之前也说过赞成这样的罪人当受死刑，但我总是倾向温和的、人性化的方略，所以我减轻刑罚，不判他死刑，只判他作奴。"

38. 这一严厉的判决使他们大为哀伤，对他们的这种诬告实在使他们非常沮丧，于是他们中的老四站出来说话。他大胆勇敢又不失彬彬有礼，说话坦率直白，但绝非厚颜无耻；他说："我主，求你不要如此愤怒，因为你被委任仅次于国王的高位，也请你不要未听我们的申辩就定罪。当初我们第一次来时，你询问我们的兄弟和父亲，我们回答说：'我们的父亲已是个垂暮老人，与其说是因为年龄，不如说是因为不断遭受的不幸，他就像在训练场上不断操练，劳苦和患难磨炼着他的伤口。但我们的兄弟还太小，他是父亲的宠儿和至爱，因为他是他老年才得的儿子，他母亲生了两个，但大的遭受了横死，只剩下这个小的。'然后你命令我们把这兄弟带到这里，威胁说他若不来，我们就不得再次来到你面前，我们在忧伤中离去，到了家之后，极不情愿地把你的要求告知我们的父亲。他一开始坚决反对，因为对童子非常担心。后来，必需品越来越少，但我们谁也不敢不带童子而来籴粮，因为你曾给了我们严厉的警告；经过艰难的劝说，他才同意让童子与我们同行。有许多次他指责我们为何承认我们还有一个兄弟；有许多次他因要与童子分离而自怨自艾，因为他只是个孩子，毫无阅历，不仅没有在外国生活的经

---

① 用这个词来解释"problerous"，它在"奴仆之名"中位于"oikotribas"和"argyronetous"之前，表明它也是一种特定形式的奴仆。果真如此，它也许是指这样的孩子，婴儿时期就被遗弃，然后被人养大做自己的奴仆。因而，他们必然构成"olkotribas"和"argyronetous"之外的第三种类型。我没能在希腊法和罗马法里找到暗示这种身份的记载。

历，也没有一般的城邑生活经验。我们父亲的情感既是如此，我们又怎能这样回去呢？没有童子，我们如何能见他的面呢？一听到童子没有回转，他必极其悲惨地死去，而我们必被所有心怀恨恶、幸灾乐祸的人称为杀人犯和弑父者。一连串的指责主要指向我，因为我把许多东西抵押给了我父亲，还对他说，我收童子如同收保证金，什么时候要求返还，就什么时候返还。但您若不息怒，我又怎能返还呢？我求您可怜这位老人，要知道他若不能看到他原本就不太情愿交在我手里的童子回去，他将遭受多大的痛苦。但你完全可以为你相信你所受到的损失执行惩罚，我非常乐意接受。从今天起就把我写在你仆人的名单上。只要你宽恕童子，我将欣然承受新买奴仆要承受的一切。你若真的同意这样做，这恩惠不只是对童子本人的，更是对目前不在这里的那位，就是所有这些恳求者的父亲，你将解除他的焦虑。我们来到您这里就是恳求您高贵的友谊和帮助，我们祷告不要让这样的恳求落空。请看在这位已是垂暮之年的老人的面上，他一生都在美德的赛场上劳苦，他使叙利亚的诸城接纳他、尊敬他，尽管他的传统和习俗是他们所陌生的，与他们的格格不入；连外国人也对他大为敬重。他高尚的生活，公认的言行一致、表里如一，影响深远，甚至那些出于民族情感原本对他抱有偏见的人也改变了原来的立场，接纳他的方式。你将获得的就是这样的人的感恩，还有比这更大的感恩吗？因为对一个父亲来说，还有什么比看到已经对其安全不抱希望的儿子平安归来更大的恩惠吗？"

39. 这一切以及以前所做的事全是为了试探他们在宰相面前对他的同胞兄弟表现出怎样的感情。因为他担心后母所生的孩子会对家里另一位与他们的母亲同样可敬的妻子所生的孩子显出本性上的疏远。正因为如此，他指控他们是奸细，盘问他们的家人，以便了解那兄弟是否还活着，有否成为他们阴谋的牺牲品；出于同样的原因，他扣留了其中一个，让其余的回去，把小儿子带来，他是如此强烈地渴望看见他，以解除沉重地压在他身上的烦忧。也正是这样的原因，他虽然来与他们团聚，看见了自己的兄弟，略感宽慰，但又邀请他们与他同席吃饭，给他的同胞兄弟比其他人更丰盛的招待①，同时观察他们各人，从他们的表情判断是否还怀有某种秘密的嫉恨。最后，他欣喜地看到他们非常尊重那个兄弟，并通过两个证据确信他们中间并不存在隐匿的恶意，但出于同样的原因，他又设计了第三个证明，即假装杯子被偷了，指控小童是贼。因为这将是最清楚地考察各人的真实情感，表明他们对遭受如此诬告的兄弟是否有手足之情的方式。通过所有这些依据，他相信没有任何内讧式的阴谋破坏他母亲的家，再想到发生在自己身上的事，最终得出结论，他的经历很可能并非完全出自他们的阴谋，也是出于神的安排，因为他知道遥远的事件，看将来如同看现在。

40. 想到这里，亲情满上心头，于是他马上决定要与他们和解。因为对兄弟们的行为不再作任何责备，他认为在初次相认时最好没有埃及人在场。于是他吩咐家人全部退下，然后一下子泪如泉涌，用右手招他们靠得更近些，免得有外人偶然听到他的话，他说："我要告诉你们一件事，这件事一直隐在暗处，藏了很长时间，我要在只有你们和我，没有别人在场的时候说出来。你们当初卖到埃及的兄弟就是我，你们看见站在你们旁边的这个人。"他们听到这个万万意想不到的消息，惊得生了根似地站在那里，目瞪口呆，说不出一句话，同时，眼睛死死地盯在地上，似乎受到某种强制力的牵引。他接着说："不必垂头丧气，我原谅并忘掉你们对我所做的一切，不会要求你们作出任何别的辩解。我完全自主地、自愿地决定与你们讲和。这事上我有两个同谋，一个是对我们父亲的尊敬，这是我关心你们的主要原因；另一个是我对所有人的出于本性的博爱，尤其是对那些与我同宗的人。我想，所发生的一切原因不在于你们，乃在于神，他立志使用我做他的仆人，看管他在人类最需

---

① 《创世记》43：34："便雅悯所得的比别人多五倍。"非常奇怪，斐洛在叙述宴席时没有提到这一点。

要的时候俯就赐给他们的恩惠和礼物。你们可以从所看见的事中清楚地见证。整个埃及都交在我手上，我拥有与国王同等的最高荣耀；虽然我小，他大，但他尊我如父。我不仅服务于此地的居民，还有很多其他国家，不论是附属的，还是独立的，因为匮乏，他们全都需要我站在前面。金银完全在我的监管下贮存，比金银更必不可少的就是填肚子的食物，凡是来求粮的，我都根据他们实际的需要分给他们，这样，他们既没有多余的东西可用于奢侈生活，也不会缺少满足实际需要的东西。我告诉你们这一切，不是因为我对此自鸣得意，而是叫你们知道，没有人能使如此伟大的事发生在一个曾是奴仆、后又成为囚徒——我曾因诬告而被囚——的人身上，那将我从极端恶劣的境况转到无与伦比、高贵美好的命运的，正是神，在他，万事皆可能。我既这样想，你们就不必再有畏惧，只管放下心中的负担，高兴起来。你们最好迅速回到我们的父亲那里，首先告诉他好消息说，你们找到了我，因为传闻会迅速向四面八方传播。"

41. 于是，兄弟们开始尽情地述说，不停地说，一桩桩地细说他的美德，每个人都说一个不同的主题，有的称颂他的宽宏大量，有的表扬他重视亲情，有的赞美他的审慎，所有人合起来则赞颂他的敬虔，把一生中最高的功名归于神，尽管在他人生之初、最早期阶段伴随着种种悲惨而令人讨厌的经历，却抛弃一切怨恨，冰释前嫌。他们还赞美他一直保持适当的沉默，体现出杰出的自制品质。他经历了这种种的盛衰，但是为奴时他没有公开指责他的哥哥们卖他之事，当他被下到监里时也没有在悲观失望中揭示这一秘密，在漫长的牢狱生活中，没有像一般人那样抖搂隐私，因为囚犯很容易喋喋不休地谈论自己个人的不幸。他的所作所为与他过去的经历毫无关系，似乎他对之一无所知，即使当他对内臣或国王释梦时，虽然有绝佳的机会揭示事实，但他仍然没有对自己的高贵出身置上一词。当他被任命为国王的宰相，掌握、监督全埃及时，他没有说任何有利于自己的话，以防止人们以为他出身卑微、地位低下。事实上，他确实是个高贵的人，绝非奴仆出身，只是那些最不应该害他的人残忍的设计，使他成了不幸的受害者。此外，他们滔滔不绝地赞美他为人正直、良善，因为他们知道其他统治者都傲慢无比、粗俗无礼，所以敬佩他没有那种鲁莽、狂暴的品性。他们记得上次下埃及时，他一下子就认出他们，虽然他完全可以置他们于死地，或者至少可以拒不给他们抵抗饥荒的粮食，但他不仅完全没有报复，还认为他们配得他的友爱，白白地把粮食供给他们，吩咐下人把粮钱还给他们。事实上，他们设阴谋、卖他为奴的故事完全不为人所知，完全秘而不宣，所以，当埃及官员听到宰相的兄弟们首次来看他时，都替他欢喜。他们热情招待他们，急忙向国王报告好消息，到处都洋溢着喜庆气氛，不亚于田地盛产果子、饥荒成为过去时的氛围。

42. 当国王得知他的宰相有父亲，他的家族非常庞大，就催促他让全家人离开现在的家，还答应要赐给埃及最肥沃的地给所期待的定居者。于是他送给兄弟们推车、马车、大量牲畜，装运物品，还给配备足够的仆人，保证把他们的父亲安全地接来。

他们到家之后，把约瑟的故事说给父亲听，这故事太不可思议，超过他所能指望的任何事，所以他根本不相信他们，不论诉说者是多么可信的人，这故事的离奇性使他无法相信是真实的。但是当老人看见豪华的装备与这样的事件相吻合，如此慷慨地供给各种生活必需品，也与他们所说的关于他儿子的故事一致，于是他赞美神弥合了他家里表面上的裂缝。然而，一想到要离弃祖先的生活方式，他在喜乐的同时也产生了恐惧。因为他知道，年轻人会多么自然地失去它的根基，怎样纵情于异域生活的罪恶，尤其是埃及这个把受造物、必朽坏的事物当做神来崇拜，因而对真神一无所知的地方。他知道财富和名誉对缺乏辨别力的心灵是多大的冲击，况且他父亲家里没有人能与他一同上路，给他指导和监督，他孤身一人，远离美好的教训，会很容易受到影响，转向外族的生活方式。正当他这样忧虑时，唯一能洞察不可见之灵魂的神垂怜于他，在他晚上入睡时向他显现，说："你下埃及去不要害怕，一路上我将亲自引领你，让旅途平安，使你快乐。我还要把你如此强烈想念的儿子还给你①，你曾经以为他死了，但如今，多年之后，发现他不仅活着，还是那个大国的统治者。"于是，他怀着极大的希望，第二天黎明时分就快快乐乐地起程了。他的儿子从探子那得知一切信息，当他听到父亲起程，离边境不远的消息之后，立即全速前去迎接。两人在被称为英雄之城②的地方相见；一见面，都泪流满面，伏在彼此的颈项上，紧紧拥抱，久久不愿分开。最后他们努力克制自己，停止哭泣，向国王的宫里走去。国王一看到他，就被他可敬的相貌折服，极其谦恭而满怀尊敬地欢迎他，似乎他不是他宰相的父亲，而是他自己的父亲。常规礼节以及更庄重的礼节过后，他赐给他一块地，土壤肥沃、盛产果子的一块地。他得知他的子孙都是拥有大量牲畜的牧人，就任命他们看管他自己的牲畜，把数不胜数的山羊、绵羊和牛都归他们看管。

43.③ 再说，这位年轻人的正直品质极其伟大，大到这样的程度，虽然时世和事态为他提供了非常多的获得财富的机会，他完全有可能在很短的时间内就成为同时代人中最富的人，但是他敬重的是真正的财富，而不是虚假的财富，是有实力的财富，而不是盲目的财富，所以他把卖粮所得的全部金银都存入国王的财库，拒不私自占用一分一厘，满足于国王对他的工作所支付的报酬，此外别无所求。他治理埃及，似乎它是个单一的家庭，治理其他遭受饥荒的土地和国家的美德无法用语言描述，他按适当的标准分配土地和食物，不只是顾及眼前的利益，还瞻

---

① 《创世记》46：4："约瑟必给你送终。"（注：原文作"将手按在你的眼睛上"）斐洛是否没有明白这话的含义？换言之，就是合上死者的眼睛，这自然是他所熟悉的经典里的观念。

② 英译本为"歌珊"。

③ 这一段是对《创世记》47：13—26 非常随意的翻译。约瑟的正直从第 14 节推断出来："约瑟收聚了……所有的银子……把那银子带到法老的宫里。"斐洛省略了埃及人的财产和土地如何归入国王之手，如何从他们的出产中征收五分之一的税这些步骤。只在第七个荒年时赐给种子，这很可能从七十子希腊本第 24 节"地要有出产"推导出来。

望将来的利益。于是，当第七个荒年到来之后，因为有理由盼望来年丰收，他就派人到农夫那里，交给他们大麦和小麦的种子，为确保没有人挪用，全把种子撒到地里，他派了品德高尚的人做检查员，监督播种事宜。

①饥荒过去许多年之后，他父亲死了，他的哥哥们心里产生疑虑和恐惧，担心他可能仍然怀有怨恨，会向他们报复，于是就带着妻子和家人来到他面前，真诚地恳求他宽恕。他被感动得直掉眼泪，说："在那些被良知宣判犯了不可饶恕之罪的人心里，而不是在其他人心里，很可能会产生疑虑。我父亲的死唤醒了你们在我们彼此和解之前就有的担心，以为我宽恕你们只是为了使我父亲不致太过悲伤。但是时间并未改变我的品性，既答应与你们和平相处，我就永远不会做出违背它的事情来。说实话，我之所以没有留意复仇的机会，一次次错过这样的机会，无条件地、一次性地答应你们免于任何处罚，部分原因无疑是因为尊敬我的父亲，但还有部分原因是出于我对你们挥之不去的亲情。即便是因为我父亲的缘故，我才对你们如此友善、仁爱，我也会在他去世之后一如既往地对待你们。在我看来，贤人是不死的，也不会老，永远活着，本性不朽的灵魂不再受制于身体的种种羁绊。但我何必提到受造的父亲呢？我们有非受造的父，不灭的、永恒的父，'审视一切，听见一切'②的父，即使不置一词，他也听得一清二楚，他总是看进灵魂的深处，我求他见证我的良心，证实和解绝不是虚假的。因为我——请不要对我的话吃惊——是属于神的，他把你们邪恶的计划转变为丰富的祝福。所以，去掉你们的担心吧，将来有更大的好事降到你们头上，比我们父亲在世时你们所享有的更大。"

44. 他用这样的话劝勉兄长们，并以他的行为确证他的许诺，尽一

---

① 见《创世记》50：1 至结尾。
② 《伊利亚特》Ⅲ. 277，《奥德赛》XI. 109，XII. 323。

切努力显明他对他们利益的关心。饥荒之后，居民们欣喜地看到繁荣再现，丰收在望，所有人都尊敬他，他们在逆境里从他得到的好处，用这种方式回报他。传言散播到邻国，使他的美名誉满全地。他高寿而终，活了一百一十岁。他具有无比杰出的美貌、智慧和语言能力。他容貌的俊美可由一个妇人对他产生的狂热的激情证实；他的智慧、杰出的判断力可以从他在一生中所遇到的无数挫折中所表现出来的心平气和得到证实，这种气质能在混乱中创造秩序，使一切本性上不和谐的地方变得和谐一致；他的语言能力，从他的解梦，从解梦中体现出来的口才和说服力，可得见证，这种能力使他的每一个手下都顺服，不是被迫顺服，而是心悦诚服。在他一生的一百一十年中，十七年在他父亲家里度过他的少年时代，十三年在痛苦的磨难中，成为阴谋的受害者，被卖作奴，受到诬告，被囚于监牢，余下的八十年做了统治者，处在全盛之中，不论在丰年，还是在荒年，他都是最受人尊敬的监督和裁判，最有能力负责处理任何时事之需要的人。

第 三 篇

论摩西的生平

第 一 卷

1. 有人认为摩西是犹太人的立法者，有人则把他描述为神圣律法的阐释者。我立志写摩西的生平，是希望读者了解他的故事。他是最伟大、最完美的人，这样一个人是不应该不为人所知的；须知，他所留下的律法已经渗入整个文明世界，甚至传到地极，而他本人的真正品质却几乎无人知晓。希腊的作家不愿把他看作值得纪念的人，可能是出于嫉妒，同时也因为许多时候不同城邦的立法者所立的法规与他的法规背道而驰。这些作家大多数都滥用教育赋予他们的权利，编写诗歌、散文、喜剧以及各种俗艳不堪的作品，广泛传播他们的羞耻，而不是充分利用他们的天赋树立贤人及其生平的教化典范。否则，他们就很可能确保一切优秀的事物，无论是旧的还是新的，都不被人遗忘，避免其发出的光芒彻底消失，同时也使他们自己不至于抛弃更好的主题，选择不值得注意的主题，全力以赴地用优美的语言表述恶劣的问题，在可耻的话题上作出卓越的讨论。但是我不会在意他们的恶意，我要将我所知道的摩西故事告诉人们，这故事我既有从他写的经书——这些书卷是他留给子孙后代的杰出丰碑——里了解的，也有从一些犹太长老那里听说的；我往往把我所听到的与我所读到的情节交织在一起，并因此自信比别人更熟悉他的生平。

2. 我要从应当开始的地方开始讲述。[①] 摩西是迦勒底人，但生在埃

---

① 以下内容（5—17）见《出埃及记》2：1—10。

及，长在埃及，因为一场旷日持久的饥荒，使巴比伦和周围居民大受其害，为找食物，他的祖先与整个家族一起迁移到了埃及。埃及平原广阔，土地肥沃，盛产人所需的各类作物，尤其是谷类。因为其他河流，不论是冬季汹涌的，还是春季奔流的，到了仲夏都要干枯，但埃及的河流到了夏季就上涨、泛滥，使田地变成一个湖泊，所以，只要神没有因忿怒降下灾祸惩罚居民中盛行的不敬行为，他们的田地就不需要雨水，每年都能长出大量各类优质的庄稼。摩西的父母都是同时代中最优秀的人，同属一个支派，当然，他们彼此相爱这一纽带比他们的家族关系更牢固。从第一代定居者算起，摩西是第七代，后来就成了整个犹太民族的奠基者。①

3. 他是作为王子长大成人的。这一擢升说来话长。当新迁民族的人数越来越多的时候，国王担心这些定居者如此迅速增加，会在主要权利上超过原住民，于是就想出一个极其恶毒的计谋来剥夺他们的力量。他颁布法令，女婴可以养大，因为女性天生软弱，难以参加战事，男婴必须处死，以此阻止各城男性的数量增加；因为男丁兴旺是进攻者的一大有利条件，是很难消除或毁掉的。再说这孩子，一生下来就有非同寻常的俊美相貌②，于是他父母无视暴君的宣告，尽其所能把孩子藏下来。事实上，我们得知，他生下来三个月一直藏在家里，吃母亲的奶，几乎没有人知道。然而，在暴君统治之下，往往会有探子无孔不入，总是想找出新的消息报告给国王，所以他的父母担心救他的努力会导致更多人，即他们自己与他一同灭亡，于是含着眼泪把他放在河岸上，痛哭着离去。他们可怜自己被迫成为杀死自己孩子的刽子手，如他们在自责中所说的，同时也可怜他，要以这种不人道的方式死去。然后，他们开始指责自己把事情搞得比原来更糟，他们说："我

---

① 见《出埃及记》6：16以下，文中说从雅各算起，摩西是第五代，因而从亚伯拉罕算起就是第七代。

② 《出埃及记》2：2。

们为何不在他刚生下来的时候就扔了他呢？没有活下来吃过奶的孩子通常还不能算是人。而我们这两个好事者整整养了他三个月，因而为自己带来了更多的痛苦，也给他带来了折磨，若不是到了他已经完全能够感受快乐和痛苦的时候才让他死去，他又怎会意识到自己愈益悲惨的处境呢？"

4. 当他们悲痛欲绝，茫然离去时，被弃孩子的姐姐，一个还未出嫁的女孩，出于亲情，在稍远的地方站着，想看看会有什么事情发生。在我看来，所有这些全是按神意发生的，他在看护着孩子。再说，这个国家的国王只有一个宝贝女儿，我们听说，她结婚很久了，却没有怀孩子，她自然是非常渴望有个孩子，尤其是男孩，好继承她父亲庞大的王国产业，否则，她若没有孩子，这产业就可能落入外人之手。① 所以，她常常忧郁沮丧，痛苦哀伤，而这一天她的忧愁更加无以复加，精神都要崩溃了；尽管平时她都留在家里，甚至从未跨出过大门，但这天她带着使女向河边走来，就是孩子被抛弃的地方。然后，当她准备用纯净的水清洁自己时，发现了他躺在长满植物的沼泽地里，就命令把他抱过来给她。于是，她从头到脚打量了一番，对他的俊美和健康非常满意，而且看到他哭泣，心生怜悯，因为此刻她的心里对他生出了感情，就像母亲对自己孩子所有的那种感情。然后她认出这是个希伯来孩子，是国王下令要杀灭的人，于是就考虑如何找人喂养他，因为此时把他带回皇宫是不安全的。正当她在这样做思想斗争时，孩子的姐姐猜到了她的困境，就像一个侦探一样从所站的地方跑过来，问她是否愿意将孩子交给一个刚生过孩子的希伯来妇女喂养。公主同意了，她就把孩子带给她自己的也就是婴孩的母亲，假装是个不相识的人；母亲欣然且兴高采烈地答应哺养他，假装是为了工钱。由此，在神的安排下，孩子最初的喂养

---

① （1）法老的女儿是独生女；（2）她没有亲生孩子，因而摩西很可能就是王位的继承人，这些话是约瑟夫（Josephus）在《出埃及记》之外添加的，可能是直接说的，也可能是暗示说的；他还添加了许多其他传说性的事，见《犹太古史》II. 232 ff. 。

来自亲生母亲。由于公主是从水里得到他的，就给他取名摩西，因为"Mou"在埃及语里就是水的意思。

5. 鉴于他长得非常健康，没有一点耽搁，他们就在比预想的时间更早的时候给他断了奶。他的母亲，也就是他的乳母，把他交给公主，即那位把孩子交给她哺养的人，因为孩子已经不再需要婴孩吃的奶了。他的长相看上去高贵而俊美；公主看到他长得这么好，远远超过他年龄的水平，就比先前更喜爱他了，把他收为儿子；其实她老早就假装成大肚子，好使他成为她真正的儿子，而不是冒充的。神按自己的意思使一切变得容易，无论有多大困难的事，都得以成全。于是，他理所当然地得到一个王子应有的养育和服侍。然而他的表现却不像是一个婴孩，他不喜欢玩，不喜欢笑，也不喜欢运动，尽管那些负责照看他的人并非不愿让他放松，或者对他过分严厉[①]；相反，他带着一种害羞而严肃的神态专注地聆听和凝视那些肯定对灵魂有益的事物。随即就有老师从各个不同地方到来，有些自愿从邻国和埃及行省来，有些是以高价从希腊请来的。但短短的时间内，他的水平就超过了他们的能力；他的天赋里预先积蓄了他们的知识，所以，他看起来与其说是在学习，不如说是在回忆。事实上，是他自己想出并提出他们也很难回答的难题。伟大的事物往往能在知识之路上开拓出许多全新的东西。正如身体，如果各方面都强壮，而且灵活协调，那就不需要训练者特别关照，只要一点通常的注意，甚至连这一点也不需要；树木如果长势良好、苗壮健康，就不需要农夫费神，能自然成长；同样，有天赋的灵魂在由它自己而来、并非从老师而来的教育中处主导地位，并从中得益，只要它掌握了某种首要的知识原理，就如谚语所说的，像一匹马奋力奔向草地。算术、几何，关于尺寸、韵律、和谐方面的学问，整个音乐知识，包括对乐器的使用，

---

① 相反，约瑟夫记载他在游戏上表现出卓越才能，见《犹太古史》II. 230。

课本和更专业的著作论及的理论知识，都由博学的埃及人传授给他。[①]
这些人进而教他符号所表达的哲学，如在所谓的神圣铭文和对动物的尊
敬中所用的符号，对那些动物，他们甚至像神一样崇拜。至于其他常规
的学校课程，由希腊人负责教他[②]，邻国的人教他叙利亚人的学问，迦
勒底人教他天体学。关于天体，埃及人特别关注占星术，这方面他也受
了训练。[③] 他掌握了这两个民族的学问，既了解他们的一致之处，也知
道各自的不同之处，然后他就避开所有的纷争和分歧，直奔真理而去。
他的心灵无法接受任何错谬，不像宗派主义者那样，不论什么理论，凡
是自己提出的，都辩护到底，根本不考察它们是否能经得起仔细审视，
从而把自己置于与那些既不考虑也不关心公正的受雇用的鼓吹者同等的
地位。

6. 随着他渐渐长大成人，他良好的判断力越来越活跃。尽管宫里
提供的大量资源给人无穷的刺激，完全可能点燃欲望的火焰，但他并没
有让青春的情欲恣意奔放，相反，他以自制、自控这些缰绳把它们牢牢
控制住，用力把它从奔跑中拉回来。任何一种情欲，只要放任自由，
就会疯狂肆虐，他都把它们驯服，使其变得缓和，归于平静；只要它们
有一点点骚动或悸动，他就给予比任何语言所能给予的指责更严厉的惩
罚；总而言之，他观察灵魂最初的方向和冲动，就像人观察一匹难以驯
服的马，唯恐它们带着应当控制它们的理性逃走，从而引起大混乱。事
实上，正是这些冲动，既能产生善，也能导致恶——当它们顺服理性指
导时，就产生善；当它们脱离正常轨道，陷入混乱状态时，便导致恶。

---

① 这可能出于斐洛自己对埃及现在和过去的教育界的了解，但也有可能出于柏拉图
《法律篇》656D，799A，819A，其中论到数学、音乐和舞蹈是埃及人特别强调的学科。参见
《使徒行传》7：22 对这里所说的一个概括："摩西学了埃及人一切的学问。"

② 这通常是语法或文学、修辞学、逻辑学，可能还有区别于占星学的天文学。见《论
预备性的学习》11 及注；《论梦》I. 205 及注，还有其他参考资料。克莱门（Clement）还加
上"iatrike"。

③ 这似乎表明，在斐洛时代，占星学是基于迦勒底的（即普遍接受的）原理教导的，
多少有别于埃及所通行的形式。

因而，他的同伴和其他人很自然地对他感到大为惊异，就像是看到了一个西洋镜，急切地想知道住在他身体里的心灵——就像在神殿里的一个像——究竟是什么样的心灵，是属人的，还是属神的，还是两者的结合，为何与大多数人的如此不同，高高地飘在它们之上，上升到极高的地方。对自己的肚子，他只给予本性所指定的必不可少的东西，至于肚腹以下的快乐，除了合法的生儿育女之外，他甚至完全忘掉有这回事了。他只想为灵魂而活，不为身体而活，所以他过得特别节俭，对奢侈生活无比轻视。他的日常行为体现了他的哲学信条。他的话表达了他的感受，他的行为与他的语言一致，所以话语与生活和谐统一，两者彼此合一，就如同在乐器上奏出和音。

就大多数人来说，如果感到有繁华的迹象落在他们身上，哪怕微乎其微，也会不遗余力地鼓吹，并夸口自己比卑微者高大，乱称后者为世上的废物、讨厌鬼、累赘，以及其他类似的名字，似乎他们自己的兴旺昌盛是永恒的、牢不可破的，谁知明天就可能面目全非，繁华不再。没有什么比命运更不可靠的东西，它推着人事在生活的棋盘上颠来倒去，仅仅一天时间就把高贵者推倒，把卑贱者抬高①；尽管他们明白，也完全知道这是常常发生的事，但仍然轻视亲戚朋友，把他们生于斯长于斯的律法视为粪土，推翻无可指责的祖先习俗，采用不同的生活方式，并且满足现状，对过去的记忆全部丧失。

7. 而摩西，作为国王女儿的儿子，达到了人世间繁华的顶点，一般来说，可望继承祖父的王权，实际上也按常规被称为小王，却热心于同胞与祖先的修养和文化。他认为，他的养父母的好运是虚假的，尽管环境给予它更大的光辉；而他亲生父母的命运，虽然目前来看没有那么显赫，却至少是他们自己的，是真实的；所以他就像一个不偏不倚的法官评判他亲生父母和养父母的需要，对前者报以美好而深刻的亲情，对

① 对《论梦》I. 154 引用的欧里庇得斯残篇的一个意译。

后者感激他们的养育之恩。若不是他发现国王在全国采取了一种新的也更不敬的行为，他就可能自始至终都这样做。

①我前面说过，犹太人是外来人，由于饥荒，缺少食物，他们的创立者从巴比伦和内陆辖地迁居到埃及。从某种意义上说，他们是祈求者，在国王保证的信心里找到了避难所，得到了国民对他们的同情。因为按我的判断，外来人必须看做是那些接受他们的人的祈求者，不只是祈求者，也是定居者和朋友，急于获得与自由民同等的权利，接近于公民待遇，因为他们与原住民几乎没有什么分别。所以，这些外来者，离开自己的国家，来到埃及，希望那里能作为自己的第二家乡，安全地生活，却被这个国家的统治者降为奴隶，沦落为按战争惯例抓来的俘虏的状态，或者从一直生活的主人家里买来的人的状态。这些人原本不只是自由人，还是客人、求助者、定居者，他却使他们成为农奴，他这样做，毫无羞耻之心，或者对监视着这一切的神，教导要让客人和求助者自主，对他们款待、公正的神，毫无畏惧之心。于是国王发布命令，对他们增加沉重的负担，超越其承受能力，还要苦上加苦；当他们因身体虚弱，无法完工时，就对他们实施铁腕手段；他挑选了最残忍、最暴虐的人做工头，他们对任何人都毫无怜悯之心，用"苦力"称呼真是名副其实。有些工人把土做成砖，有些把各处的麦秆捡来捆砖，有些分去造房、砌墙、建城或开河。他们日夜搬运各种材料，没有轮班替换，也没有片刻休息，甚至睡觉也只允许小睡片刻，就起来继续赶活。事实上，他们被迫干一切活，包括技工的活和助手的活，所以有一阵子他们丧失了信心，感到极度沮丧，这是身体筋疲力尽之后必然产生的情绪。因为他们一个接一个地死去，似乎遭受了瘟疫似的，被主子扔到郊外，暴尸野外，甚至不允许存活的人拿把土撒在尸体上，更有甚者，不许他

---

① 从第5节至此的叙述，不能说有什么《圣经》依据，但它们合理地概述了在这种情形中摩西可能会有的感受和行为。从这里开始到第11节的叙述是对《出埃及记》2：14至章末的一个扩写。

们对如此悲惨死去的亲人或朋友洒把眼泪。灵魂本质上是自由的，就算它在其他事上几乎完全丧失了自由，情感上是不受约束的；然而他们对这个也威胁要实施专制，以远强过本性的令人无法忍受的强制力压迫他们。

8. 所有这些都一直使摩西感到压抑和忿怒，但他既没有能力惩处那些作恶者，也没有力量帮助那些受害者。他所能做的，他都做了。他用语言提供帮助，奉劝工头仁慈一点，规定不要那么严厉，放宽一点；又劝勉工人勇敢地忍受目前的困境，表现出男子汉的气概，不要让灵魂因身体的疲惫而丧气，要寻求善，来取代恶。他告诉他们说，世上的一切都要向对立面转化，乌云要变得晴天，暴风骤雨要变成风和日丽，汹涌的海洋要变得风平浪静，人事就更是如此，因为它们更加不稳定。他就像一位良医，想用这样安慰的话使病人摆脱可以说是非常可怕的困境。然而，这种困境有所缓和之后，却引来了新的打击，短暂喘息之后聚集了某种新的悲惨，比先前的更加剧烈。因为有些工头异乎寻常得残忍野蛮，与凶恶的食肉动物没有丝毫分别，不过是披着人皮的野兽，外表上取了文明人的样子，只是为了诱骗、抓捕猎物。其中有一个，是所有人中最残忍的，被摩西杀了，因为他对摩西的劝告不仅充耳不闻，毫不收敛，甚至变本加厉，对不执行他命令的人，鞭子就像雨点般不停地落下来，逼迫他们到奄奄一息的地步，还不放过任何一种暴行。摩西心想，他杀死此人的行为是义行。活着只为毁灭人的，他自己首先应当毁灭，这原是公义的。

国王听到这个消息，极其恼怒。他之所以有这样强烈的反应，不在于一人被另一人杀死，不论此事是合理的，还是不合理的，而在于他自己女儿的儿子竟不与他一条心，不认国王的朋友为自己的朋友，不认国王的仇敌为自己的仇敌，相反，恨他所喜爱的，爱他所拒斥的，同情他冷酷无情地对待的人。

9. 那些掌权者原本就怀疑这个年轻人的动机，知道他会记住他们的恶行，一旦机会来了，就会报复他们，所以当他们得到这一把柄，就让许多人从四面八方把恶毒的建议灌进他祖父的耳朵，使其充满恐惧，担心自己的王权要被孙子夺走。他们说："他必攻打你。他野心十足。他一直忙于筹划更大的计划。他时候未到就急于篡夺王位。他对有些人奉承恭维，对另一些人威胁恐吓，对矢志忠实于您的人，未经审判就斩首，视之如同草芥。您为何还犹豫不决呢？为何不迅速切断他所谋划的事业？攻击者所谋划的对象只要稍一迟缓，就会对攻击者有莫大的帮助。"

正当这样的话四处流传之时，摩西隐退到邻国阿拉伯半岛，他住在那里很安全，同时求告神拯救被压迫者，使他们脱离无助、悲惨的困境，惩罚罪有应得的压迫者，那些无恶不作的家伙，再赐给他双倍的恩赐，让他亲自看到这两件事得以成全。他的灵爱善恨恶，神对之大为赞许，垂听他的祷告，不久就按他的本性审判了那地及其各种作为。但是，当神圣审判还在期待之中时，摩西就开始在一位令人敬佩的训练师的指挥下践行美德，这训练师就是他的理性，在它的训导下，他努力使自己适应最高形式的生活，包括理论上的和实践上的。他甚至打开哲学理论书卷，以敏锐的理解力领会它们，在内心深处消化它们，牢牢铭记，永不遗忘，并立即使他的个人行为——无论哪方面都是可赞美的——与它们一致；他渴求真理，而不是表面的道理，因为他为自己所立的标杆乃是本性的正当理性，那是一切美德唯一的出处和泉源。

若是换了别人，刚刚逃离国王无情的忿怒，第一次来到一个异地，还不熟悉当地的习俗，还不清楚当地人的好恶，他很可能渴望无声无息、安安静静地生活，尽量不引起大众的注意；如若不然，那他可能希望进入公共领域，通过坚持不懈地奉承拍马，谋求最高权威和掌权者的好感。即使遇不到这样的人，也要谋求其他可能会帮助他的人的好感。万一有人来用武力夺他的命，也好求救。然而，摩西采取的路线与我们设想的相反。他听从自己灵魂发出的有益本能的召唤，这些好的本能没有一个被埋没。因而，他时时表现出超出他本身力量的英勇无畏，因为他视公正为所向披靡的力量，这种力量驱使他投身于他自定的为弱者争战的事业。

10. 这次我要描述他的一个行为，虽然看起来是件小事，但反映了一颗高尚的心灵。阿拉伯人是养羊的，他们不仅雇用男人牧羊，还雇用妇女、少男少女牧羊；牧羊的不只是出身卑微、低贱的人，也有位高权重的人。七位少女，都是祭司的女儿，来到井边，把水桶系在绳子上，然后一个挨着一个轮流汲水，各尽其职。她们费了好大的劲，才把旁边的水槽灌满。此时另一些牧羊人也来到了这里，他们看着女孩软弱好欺负，就想把她们及其羊群赶走，从而让他们自己的牲畜来喝备好的水，盗用别人的劳动果实。摩西此时就在不远处，看到所发生的一切，就迅速跑过来，站到他们面前，说："住手，别做这种恶事。你们以为这地方偏僻无人，就想占便宜。你们这些四肢发达头脑简单的家伙，你们不是男人。连女孩都在像年轻人一样干活，尽心尽职，谁也不偷懒，你们却让自己的手脚闲着，你们不觉得羞耻吗？你们应当走开，把地盘还给先来的人，水原是属于她们的。原本应当是你们帮她们汲水，使牲畜有更充足的水喝；而现在你们却想夺取她们已经打好的水。这断然不可，在公正的天眼面前，这水你们绝不可拿；因为即使在最偏僻的地方，那眼睛也看着一切。在我，它至少分派了一位你们意想不到的拥护者，因为我奋力救助这些受欺负的少女，是与一只大能之手联合。这只手，贪婪的人是看不见的。但你们若不改变行为方式，就会感受到它无形的摧毁力。"他说完这些话，他们就惊恐慌万分，像是听到某种神谕，因为他在说话时，渐渐受到圣灵启示，转变为一位先知。他们心服口服，把自己的牲畜赶开，让女孩们的牲口到水槽边喝水。

11. 女孩们兴高采烈地回到家，把意想不到的故事告诉父亲。她们的父亲听了这事之后，非常想见这位陌生人，从他责备女儿忘恩负义的话中可以看出这种愿望。他说："你们为何让他离去？你们应当直接领他回来，他若不愿意，就再三恳请。你们岂没有让他指责我不懂礼仪？你们难道没有预料到你们又一次让那些意欲诋毁你们的人有了把柄？那些忘记善行的人肯定没有拥护者。不过，你们的错误还不是不可挽回。快快全力跑回去，请他首先接受我对他作为客人的款待，其次接受我们所亏欠他的报恩。"她们迅速返回，看到他在离井不远的地方，就向他表达了她们父亲的愿望，求他跟她们回家。她们的父亲一见他的面，就对他敬慕万分，随后就对他的气质产生由衷的敬意，因为伟大的事物是没有伪装的，无须多少时间就为人所知。于是，他把自己最出色的女儿嫁给他，从这一行为可见出他的全部高贵品质，也表明唯有美德是永远值得我们热爱，不需要无谓的赞美，其自身就带着为人所知的记号。

摩西娶妻之后，就接过看管羊群的担子，由此接受了管理别人的第一课；因为对一个注定要管理最文明的人群的人来说，牧羊是其做王的基础训练和初级练习，正如狩猎是尚武之人的预备训练一样，因为那些要当将军的人首先要训练追赶能力。[①] 因而，非理性动物成为有益于人的训练材料，使人获得处理不论和平还是战争时期的紧急事务的实践能力；因为追逐野兽是指挥官追赶敌人的基础演练，而照顾、管理家畜则是国王治理臣民的演练，因而，王都被称为"百姓的牧人"，这不是贬义词，乃是最高的尊称。我不是基于大多数人的看法，而是根据我自己对这个问题上的真理的探求，提出这样的观点，即唯一完全的王（有人若想笑，就笑吧）就是精通牧羊的人，在管理低级造物上得到训练，知道如何管理高级造物的人。因为在小的奥秘上有深刻知识的人必然能够参透更大的奥秘。

12. 我们回到摩西。[②] 他比同时代的任何人更擅长管理羊群，更擅长提供对他的管理职责有益的东西。他之所以获得这样的能力，是因为

---

① 参见《论约瑟》2 f.。

② 此节至第 14 节见《出埃及记》3：1—4：17。

他从不推卸任何责任，不论需要负担怎样的职责，他都主动表现出深切的热情，在履行职责中始终持有纯洁的心，无伪的真诚。结果，羊群在他手下大大增加，但这引起了其他牧人的嫉妒，他们从未在自己的羊群中看到过类似的事情发生。就他们来说，如果羊群能保持原来的数量，那就感到万幸了，而摩西的羊群，有哪一天不增长，那就是不正常了；它有序地大力发展起来，既因羊肉越来越肥壮而在质量上更上一层楼，也因旺盛的生育能力和健康的食物而在数量上迅速增加。

有一次，他赶着羊群来到一个草肥水美的地方，并且正好长满羊爱吃的草；他发现自己来到的地方是一个山谷，在那里看见了令人惊异万分的一幕。有一个荆棘丛，一种带刺的植物，也是最软弱无力的植物，不经任何人点燃，突然着起火来；这火虽然从根部直烧到末梢，似乎是从某个火源喷涌而出的，但这荆棘丛仍然完整无损；它没有被烧毁，似乎是一种不受火影响的物质；不是烧火的燃料，倒是以火为原料的。火焰中间有一种卓越之美，与可见之物的美完全不同，它乃是至高至圣的一个形象，闪耀着比火更亮的光芒。完全可以认为，这就是那自有永有者的形象；但我们更愿称之为天使或使者，因为可以说，它利用视觉之神迹预告了将来之事，虽然寂静无声，却胜过千言万语。

燃烧的荆棘象征那些遭受冤屈的人，熊熊的火焰象征那些逼迫的人。然而，那被烧的并没有被烧毁，这就表明，受苦者是不可能被逼迫他们的人毁灭的，逼迫者将看到，逼迫是徒劳无益的，受攻击的对象安然无恙，毫发未损。天使象征神的神意，它总是在最危险的时候寂静无声地带来慰藉，胜过任何盼望。

13. 我们必须深入思考这一比喻的细节。我已经说过，荆棘是一种软弱无力的植物，但多刺，人若猛然触及它，就会受伤。再者，火的本性虽是破坏性的，但荆棘没有被它吞噬，相反，倒得到它的保护，保持着火之前的完整状态，毫发未损，反倒获得了额外的明亮。所有这些都是对当时真实情形的描述，我们可以设想，它就如同一种声音对受苦者说："不要丧失信心；你们的软弱之处正是你们的力量所在，即能够刺人，成千上万的人将被它刺伤。那些企图消灭你们的人，将在不知不觉中成为你们的拯救者，而不是毁灭者。你们的患难必使你们没有患难。不仅如此，正是因为仇敌切切地蹂躏你们，你们的名声必闪耀最大的光芒。"再者，火这种具有毁灭作用的元素，证实了歹毒者的罪恶。① "不可夸口你自己的力量，"它说，"要注意将你不可战胜的力量保持低调，学习智慧。火的特点原是烧毁，现在却被烧毁，就像木头一样。木头的本性原是被烧毁，却表现为烧毁他者，似乎它就是火"。

14. 神将这奇异的预兆显示给摩西，清楚地告诫他将要发生的事，然后又开始用神谕的言语敦促他迅速掌管整个民族，不只是以协助百姓得解放的能力，更以不久要领他们从埃及回到另一个家的能力。神应许在一切事上帮助他。他说："因为他们所遭受的苦难，长期忍受的虐待，难以忍受的暴力，没有从人得到任何安慰和同情，而我却亲自垂怜他们。我知道他们每个人分别地、整个民族集体地致力于祷告、恳求，希望从我得到帮助，而我对真正的恳求者天性仁慈宽厚。那就走到这地土的王面前去，不必有丝毫惧怕，因为先前的王，你们逃离他，担心他要害你们，这样的王，已经死了，地土归在另一位王手下，他不会记住你们的任何行为报复你们。你还要带上以色列的长老，去对埃及王说，百姓已经从我领受了命令，要离开国境走三天的路程，在那里按着他们列祖的仪式献祭。"摩西知道得很清楚，他自己的百姓和其他人都不会相信他的话，所以说："他们要是问差遣我的是哪一位，而我自己不能告诉他们，那他们岂不会认为我是个骗子吗？"神回答说："首先告诉他们我是自有永有的，叫他知道自有者与非自有者之间的分别，也进一步明白根本没有哪个名字适用于我，唯有存在属于我。如果他们出于

---

① 很奇怪，这里没有限定性动词，因为"ousia"几乎是不能言说的。意义也没有说出来，因为结果表明，最终火熄灭了，荆棘得胜了。

本性上的软弱，还是寻找某个头衔来用，那就告诉他们我不只是神，还是三个人的神，这三个人的名字表达了他们各自的美德，每个人都是各自获得之智慧的典范——亚伯拉罕通过教导获得智慧，以撒凭本性获得智慧，雅各靠践行获得智慧。他们若仍然不相信，那么人以前从未见也从未听过的三个神迹必能叫他们完全相信。"这三个神迹是这样的。他命令摩西把他所带的杖扔在地上，它立时变成活的，开始爬行，并成为爬行王国里的王，一条非常巨大的蛇。摩西迅速逃开，并惊奇地发现自己开始飞翔，然后神又叫他，在他的命令和启示下，鼓足勇气抓住它的尾巴。它原本还在扭动，但一触及他的手，就立即伸得笔直，同时变回原来的杖的样子。于是摩西对这双重变化惊异万分，不知道哪个更令人吃惊，两个都在他心灵里产生了完全对等的深刻印象。这就是第一个神迹，第二个接着第一个发生。神命令他把一只手藏到胸口，过一会儿再伸出来。他按命令而行，这手突然变得比雪还白。他又重复做了一次，把手藏到胸口，再伸出来，手就变回到原来的颜色，恢复原来的样子。这些教导是在他与神单独相处时领受的，就像学生从老师领受教导，而神迹所使用的工具，手和杖，都是他的东西，是他为传道而带的装备。不过，第三个神迹发生在埃及。是他不可能随身携带，也不能预先演练的，但它所引发的惊异与前两者完全可以等量齐观。这神迹是这样的。神说："你从河里汲上来的水倒在地上要变成很红的血，不只是颜色变成血色，它的属性也要完全变成血。"摩西显然觉得这样的事同样也是可信的，不仅因为说话者不会说任何虚谎的话，也因为他已经显示了手和杖的神迹。

　　他虽然相信，却试图拒绝使命，说自己没有口才，声音微弱，舌头笨拙，尤其是他听了神对他说话以后，他认为人的口才与神的相比，就是无言，况且，他原本就是个谨慎的人，对卓著的事避而远之，认为这样伟大的事不适合他去做。因而他恳求神选择别人，选择表明有能力轻松地承担所托之事的人。神对他的谦卑很赞赏，但回答说："你难道不知道是谁给人一张嘴，是谁造出他的舌头、喉咙，造出能说合理话语的器官吗？就是我。因而，不必害怕，只要我一个指示，一切话就会变得清楚明白，就会头头是道、井井有条，所以，谁也不能阻挡话语之流从纯洁的泉源轻松流利地倾泻而出。另外，你若需要一个阐释者，也会有，你哥哥的嘴会为你所用，向百姓传达你的话语，就如你把神的话向他传达一样。"

15.① 摩西听到这话，就知道若是再坚持不接受，那会多么危险，于是他就带着妻子孩子出发，踏上去埃及的路。在路上他遇到自己的兄长，就把神圣信息告诉他，并劝他跟他一起走。他兄长的心其实早已因神警备的工而做好预备，愿意顺服，所以他毫不犹豫地答应，乐意跟从。他们到达埃及之后，同心同德，首先悄悄召集了以色列的元老，告知他们神谕，神怎样怜悯同情他们，保证他们脱离目前的状况，去到更好的国度，应许要亲自引领他们。得了这话之后，他们有了勇气与国王说话，向他提出要求，允许百姓出国献祭。他们告诉他，按他们祖传习俗，他们必须在旷野献祭，因为他们与其他民族不同，他们的祭祀法则和方法与通常的完全相反，这是希伯来人独特的习俗。然而，国王的灵魂从幼年时起就浸淫在世世代代的傲慢之中，根本不曾接受唯有心灵才能辨认的神，也不知道任何眼睛不能看见的东西，所以他傲慢无礼地回答说："他是谁，我得服从他？我不认识你们所讲的这位新主。我也不允许百姓借着节庆和祭献的名义出去撒野。"于是，这个秉性苛刻、残忍而冥顽不化的人，下令管事的工头对表现出松懈和偷懒的百姓大加侮辱。他说："竟然提出要举行庆典和祭祀，这就是后果，在高压下就会忘掉这些事，这些是唯有那些生活舒适、奢侈的人才会记得的事。"因此，他们遭受了比以前更惨烈的不幸，也激发了对摩西及其同伴的怒火，骂他们是骗子，有时背后责骂，有时公然辱骂，指责他们不敬，说

---

① 此节至第17节见《出埃及记》4：27，5：22，7：8—13。

他们假传神的话。于是，摩西开始显示先前神教他的奇事，心想，看到奇事他们可能会改变普遍不信的态度，转而相信他所说的话。

16. 这些奇事的显示非常迅速地传到了埃及国王和贵族的耳中。于是，国王把所有魔法师召集到宫里，摩西的兄长取了他的杖，以非常引人注目的方式挥舞，然后把它扔在地上，杖立即就变成了蛇，周围的观众大为惊奇，恐惧地倒退，甚至准备逃开。但是现场的巫师、术师说："你们何必害怕呢？我们也精通这样的事，我们用自己的技术也能产生同样的结果。"于是，他们各人把自己拿着的杖扔在地上，就出现了一大批蛇围着第一条蛇扭动；这条蛇却显示出与众不同，它的身体高高抬起，扩展胸腔，张开大口，吸一口气，就以不可抗拒的力量把所有蛇都卷进口中，就像渔网把整网鱼兜了起来；它吞噬它们之后，就恢复原状，变回杖。这一次，绝妙的奇观消除了每个心怀恶意之人的怀疑，此时，他们承认这些事不是人的狡诈或技巧设计出来骗人的，而是某种神圣权能成就的，对它来说，任何一种技艺都是轻而易举的。但是，他们虽然迫于清晰的事实证据，不得不承认真理，却并未收敛一点他们的厚颜无耻，反而坚持原有的残暴和不敬，似乎那是最确定的祝福。他们对那些受到不法奴役的人没有显出一点怜悯，也没有执行具有神圣权威的命令，因为神已经凭着神迹奇事的证据显明自己的旨意，那要比神谕更清晰。因而需要一种更为严厉的天罚，需要将一连串的打击一齐发出，才能使那些理性不曾受过训练的愚人恢复知觉。

17. 降到埃及地的惩罚有十个。对那些因带来罪而受到责罚，令其改善的人来说，十是个完美的数字。这种惩罚不同于通常的惩罚，因这是由宇宙的各大元素——土、火、气、水——执行的打击。神的审判说，用来产生世界的物质也应当用来毁灭不敬之地土；要表明他所掌的权位是大能的，他出于救人的好意，为创造宇宙所形成的东西，他随时都可以转变为毁灭不敬者的工具。他这样分配各种惩罚：三种属于较稠的元素土和水，就是造出我们身体性质的元素，他交给摩西的兄长负责；另外三种，属于气与火这两种最富生命力的，他独独交给摩西本人；第七种，交给两人负责；十种里面剩下的三种，他留给自己。①

他开始行动，首先引入水灾。由于埃及人对水怀有特别大的敬意，因为他们相信水是大全世界之源泉，所以他认为最好先召水来谴责并劝诫它的崇拜者。那么如此迅速发生的事究竟是什么呢？摩西的兄长遵循神的命令，用他的杖击打河水，于是，从埃塞俄比亚到大海，所有的水都变作血，同样，埃及地上的湖、渠、泉、井、源以及一切供水的地方，都如此。这样一来，他们就无水可喝，于是在岸边挖地，但挖出来的还是股股血水，就像大出血一样喷射出来，任何地方都找不到一滴清水。水里的各类鱼全死了，因为水原本给予生命的特性已经变为毁灭的工具，于是死鱼堆在一起发出的腐烂味遍及全地。还有大量渴死的人，在十字路口堆成小山，因为他们的亲人都没有力气把尸体拖入坟墓。恐怖笼罩了七天，埃及人恳求摩西和他兄长，他们恳求神，请他垂怜濒临死亡的人。神的本性乃是显明怜悯，他就把血变为可喝的水，使河水恢复原来有益健康没有污染的清水。

18. 他们和顺了很短的时间，不久又故态复萌，像以前一样残忍和放肆。他们似乎认为，或者公正完全从人中消失了，或者那些受了一次惩罚的人就不会再受第二次打击了。但他们就像愚蠢的孩子，必须经历多次教训，才能学会不轻视告诫。惩罚总是尾随着他们的脚步，当他们行恶的脚步迟缓时，它也放慢速度；当他们急切地奔向恶行时，它也加快步伐，追上他们。

摩西的兄弟再次得到神的命令，将他的杖伸到河、湖、湿地上；他一伸过去，就有大量青蛙爬上来，不仅爬满了集市和所有空地，还爬进了农舍、家里、庙里，每个地方，不论公共的，私人的，都爬满了青

---

① 对十种灾难的以上这种分类，使斐洛不得不抛开《出埃及记》里的记载顺序，如下文所显示。不过，前三种的顺序是一样的。见《出埃及记》7：14—8：19。

蛙，似乎派一种水生动物占领相反的区域是自然的目的所在，因为地是与水相反的。人们既不能出去上街，因为通道都被青蛙占据，也不能待在家里，因为它们已经爬到房顶，占据内室，处于极其不幸、几近绝望的状态。于是，在国王答应他们让希伯来人离开之后，他们就逃到那些先前帮助过他们的人那里求救；那些人就为他们向神代祷，神垂听了他们的祷告，让一些青蛙返回河里，一些当场死掉，在十字路口堆成堆，此外，埃及人又从家里扫出一大堆，因为尸体发出的气味令人无法忍受，何况是一种即使活的也闻起来极其难受之动物的尸体。

19. 然而，他们得以脱离惩罚，有了一点喘息空间之后，就像竞技场上的格斗者，重整旗鼓，只是为了重新获得力量作恶，所以他们迅速恢复原有的罪恶嘴脸，把长期①遭受过的灾难置于脑后。这次，神不再使用水来折磨他们，而代之以土，但指派同一个人来执行惩罚。他得到命令，再次用杖击打地面，就有成群的虱子连续不断地飞出，就像一片乌云笼罩在埃及全地。须知，虱子是种极小但极其令人头痛的虫子，它不仅损害身体表面的皮肤，使人感到极其难受的痛痒，还通过鼻孔、耳朵强行进入体内，如果不注意，它还会飞进眼睛，损害瞳孔。然而，如此汹涌而来的虱子，何况又是神降下的惩罚，人怎么可能小心提防呢？有人也许会问，神为何用如此渺小、微不足道的生物来惩罚埃及地，而不使用熊、狮、豹以及其他吃人肉的大型野蛮动物；若不是用这些，至少可以用埃及角蝰毒蛇，一口就能把人咬死。这位仁兄若真的不知道其中道理，就请他听好：首先，神是希望告诫这地上的居民，而不是要毁灭他们。他若想要彻底灭绝他们，就不会拿动物来帮助他惩罚人，只要直接从天上降下灾难就可，比如瘟疫和饥荒。了解这一点之后，这位仁兄还要进一步学习，那是需要终生学习的一课。是什么呢？当人开战时，总是寻找最强有力的辅助工具帮助他们作战，以弥补自身的软弱；

---

① 或"迄今为止"。

但神是至高至大的权能，不需要任何辅助。当然，他若是愿意使用某种工具实施报复，他也不选择最强壮、最庞大的，他不会考虑它们的大力，而是给予最卑微、最渺小的东西不可抗拒、不可战胜的力量，并借着它们实施对作恶者的报复。这里就是这样。试想，还有什么比虱子更渺小的东西？然而它的威力如此之大，使整个埃及都陷入绝望，不得不大声喊叫："这是神的手"；因为他的手，从地的这极到那极的整个人类世界不可能抵挡，甚至整个宇宙也不可能。[①]

20. 这就是由摩西的兄长代理发动的惩罚。现在我们要以适当的方式考察由摩西本人执行的惩罚，表明造成这些惩罚的自然部分是什么。我们发现，空气和天空，宇宙中最纯洁的部分，继土和水之后在摩西受派监管的警告埃及人的惩罚中担当主角。首先，他开始搅动空气。我们必须记住，除了南纬那些国家外，埃及几乎是唯一一个没有四季之一的冬季的国家。有人说，原因可能是它离热带不远，从那里徐徐散发过来的热气使它周围的环境变得温暖。也可能是因为夏至时河水泛滥预先把云里的水汽用光了。夏季来临时，河水开始涨满，夏季过去，就停止升涨，在那期间，一年一度的季风从尼罗河口对面骤然而至，中止了河水的涨落。因为当海水在狂风肆虐下上升到一个很高的高度，掀起巨大的波涛，就像一堵长长的墙，把河水拦在里面；然后从高地流下的水流倾泻而来，而那原本应当流出去的水因遇到阻碍回流到内地，于是两者相遇，两边的河岸限制它们，使它们无法扩张，河水就不可避免地高高上涨。另一可能的原因是，埃及不需要冬季。因为河水使田地成为湖泊，全年都产庄稼，已经实现了降雨的目的。事实上，大自然的工作没有一点浪费，它不会为一个不需要雨的地方降雨。同时，它喜欢在各种各样工作中使用它的技巧，在相互对立中形成宇宙的和谐。因

---

① 也就是说，"神的手"这个短语的意思是指一种只使用了神极小一部分力量的干涉。关于这一短语的一种略微不同的解释，见《论亚伯拉罕的迁居》85。

而，它让有些人从天上降下的雨水得益，让有些人从地上流出的泉水和河水得益。

①这就是埃及地的状况，隆冬时节却享有春天时光，只要几阵小雨，沿海地区就成沃土，而孟菲斯（Memphis）②以上的部分，也就是埃及王宫所在地，从未有过降雨。然而突然之间空气发生了彻底改变，原本属于严冬的灾难性气象一股脑儿降到它身上：暴雨肆虐，冰雹齐下，狂风此起彼伏，咆哮怒吼，倾盆大雨带着惊天动地的雷声，一道又一道的闪电，一声又一声的霹雳。最后，这些灾难提供了一幅极其奇异的画卷：他们在冰雹——他们的自然天敌——中奔来跑去，要对付它，但并没有将它融化，也没有被它制伏，只是不停地来来往往地追逐着冰雹，一直对它保持警惕。渐渐地，居民们变得失望，进而绝望，不仅因为所有这些灾难一下子降临，而且因为这些事实在太过奇巧。他们心想——事实也确实如此——是神圣的愤怒引发了这些奇异之事；空气以一种前所未有的方式通力合作，毁灭树木和果实，同时许多动物被灭绝，有的冻死，有的可以说被沉重的冰雹打死，有的被火烧死，还有的被烧成半死，霹雳打在它们身上，留下伤口作记号，叫看见的人警醒。

21. 当灾难有所缓解之后，国王和他的大臣又变得厚颜无耻，于是摩西在神的命令下③，把杖伸到空中，霎时就有一阵猛烈的南风④直扑而来，从白天到晚上，力量和强度不断增加。这种风本身就能产生大量危害，因为南风非常干燥，导致头痛，引起听力问题，因而很适合引发不幸和痛苦，尤其是在埃及，因为它位于南方，是太阳和行星轨道穿过的地方，当南风吹来时，灼热的阳光随之推进，把一切事物都烧着。此

---

①　这里斐洛的顺序开始偏离《出埃及记》。他的第四灾，也就是雹灾，在《出埃及记》里是第七灾（9：22—35）。

②　孟菲斯，古埃及城市，废墟在今开罗之南。——中译者注

③　斐洛的第五灾即蝗灾，在《出埃及记》里是第八灾（10：1—20）。

④　英译本译为东风（至少包括从东南方向吹来的风——Driver）。

外，它还带来大量破坏植物的虫子，也就是蝗虫，它们像河流一样无休无止地涌出来，布满整个天空，把未被雷电和冰雹消灭的一切植物吞噬干净，最后，这个大国遍地找不到生长的东西。于是，那些掌权的，不得不承认自己的恶劣处境，来到国王面前，说："你要拒不让这些人离去到何时呢？你岂不知道埃及要被毁灭了吗？"国王屈服了，或者看起来如此，答应只要解除这可怕的灾祸，就顺从他们的要求。摩西再次求神，就有风从海里刮起，吹散了蝗虫。

然而，蝗虫被吹走了之后，国王一想到要释放百姓，就极其厌烦，于心不甘，于是出现了比先前发生的一切灾难更大的灾祸①；大白天里突然黑暗笼罩大地，可能是因为当时出现了比通常更彻底的日食，也可能因为连绵不绝的乌云遮盖了光线，巨大的力量把它们压缩成密不透风、不可穿透的整块，其结果就是白天与黑夜没有分别，其实看起来不就是单单只有漫长的黑夜，其长度相当于三天三夜吗？然后，如我们读到的，有些人赖在床上，不敢起来，有些人迫于生理需要，不得不起来，就沿着墙壁或者摸着其他物体，艰难走路，似乎他们是瞎子。点火发出的光有的因暴风肆虐熄灭了，有的因深沉的黑暗暗淡到几乎消失，因此，视觉这种最不可或缺的感官，虽然其本身是正常的，但毫无用处，什么也看不见；而其他感官全处于困窘状态，就如死了女王的臣民。因为人们无法下决心说、听、吃，只是在沉寂和饥饿中痛苦地躺着，没有心思使用任何一种感官，完全被这种灾难打倒了，直到摩西再次怜悯他们，恳求神，神让光取代黑暗，白天取代晚上，各处的天空重现光明。

22. 我们读到，这些是摩西单独实施的灾祸，即冰雹和闪电之灾、蝗虫之灾、抵挡任何光的黑暗之灾。有一灾是交给他和他兄长共同实施的，我现在就要描述这一灾。② 他们按着神的命令，从炉子里取了灰，

---

① 斐洛的第六灾，即黑暗之灾，在《出埃及记》里是第九灾（10：21—29）。
② 斐洛的第七灾，即疮灾，在《出埃及记》里是第六灾（19：8—12）。

摩西把灰撒在空中，于是灰尘突然落到人和低等动物身上。它使全身皮肤发炎，出现痛苦的溃疡，同时，随着皮疹的出现，又出现化脓的水泡，身体肿胀起来，这很可能是潜伏在皮肤下面的炎症的发作、溢出。这令人极其痛苦、悲伤的溃疡和炎症自然使他们苦恼不已，但他们的悲惨所导致的疲惫使他们的精神比肉体更苦，至少不比肉体受的苦少。因为全身从头到脚都溃疡，疼痛遍布各个肢体、每个部位，整个身体没有一处例外，全是这个样子。直到立法者为患者代祷，病症才有所减轻。这种惩罚交给两人施行确实是合理的：交给兄长是因为落到人身上的灰尘出于土，凡出于土的都在他的掌管之下；交给摩西是因为此灾是通过改变空气击打他们的，出于天空和空气的灾祸由他来协助执行。

23. 剩下的三种惩罚是自行作成的，没有人的协助，我要尽可能清晰地一一描述。首先，使用了一种称为狗蝇①的造物，其凶残在整个生物界无与伦比。命名者给它取这个名字很有智慧，恰当地表明了它的特点，它由地上和空中的两个最无耻的动物的名复合而成，一个是狗，一个是蝇。这两种动物在发动攻击时都坚持不懈、无畏无惧，有人若是想要避开它们，它们就会百折不挠地攻击，拒不接受挫败，直到吃够了肉和血。狗蝇继承了两者的厚颜无耻，能分泌毒汁，是种可恶的虫子，从很远的地方嗡嗡地飞过来，像标枪一样把自己投射出去，一个猛烈的俯冲，牢牢地叮在受害者身上。这一次攻击还是神意驱使的，所以它的狠毒就加了倍，鼓动它的贪婪不仅出于本性，还出于神意，神意将它武装起来，使它利用自己的力量攻击此地的所有人。

继狗蝇之后的惩罚也是没有人的协助发生的，那就是畜疫之灾②；大批的牛、绵羊、山羊、各种负重的兽以及其他牲畜，不约而同地在同一天里死亡，整个畜群在同一时间死去，预示了随之而来的人的毁灭，

---

① 斐洛的第八灾，即狗蝇（英译本为蝇）灾，在《出埃及记》里是第四灾（8：20—30）。

② 斐洛的第九灾即畜疫之灾，在《出埃及记》里是第五灾（9：1—7）。

正如我们在传染病中看到的。据说引起瘟疫的混乱是由低级动物中突如其来的畜疫为前奏的。

24. 然后是第十个也是最后的审判，其程度超过了前面所有的灾祸。① 这就是埃及人的死亡，不是整个人口全部灭亡，因为神的目的不是使这个国家彻底荒芜，只是要教训他们，也不是每个年龄阶段的大部分男人和女人灭亡。相反，他只是判处长子死，让其他人都存活，从国王开始直到磨坊的最卑微女子，每个人的长子都得死。那些最先叫父母爸爸妈妈，最先被父母称为儿子的，全都健壮如牛，但到了半夜时分，突然之间莫名其妙地成批死去，如我们所读到的，没有哪户人家能幸免于难。当黎明来临时，每家每户因看到自己至爱的孩子，直到傍晚之时还与他们同食同住的亲人，如此出乎意外地死去，自然是悲痛欲绝，悲号之声弥漫整个家庭。由于在这普遍的灾难中，所有人出于同样的情感发出一致的喊叫，同一首悲哀的挽歌从全地的这头回响到那头。当他们留在自己家里，还只是为自己的痛苦悲号，一旦出门，得知同样的灾难也降临到其他人头上，其悲伤立即就成倍地增加了。个人的悲伤，原本较轻较小，加上大家的悲伤，就变大变重了，因为他们甚至丧失了得安慰的希望。一个自己也需要安慰的人，怎么可能指望他去安慰别人呢？他们认为，目前的状况是更大灾难的开端，因而充满恐惧，担心还活着的人也要彻底毁灭。处在这种境况下的人，往往会有这种想法。于是，他们泪流满面、衣衫褴褛地一起冲向王宫，大声指责国王是所有这些临到他们头上的可怕灾难的罪魁祸首。他们说，如果一开始，摩西刚恳求他的时候，他就容百姓去，他们就全然不会经受这些灾祸了；但由于他沉溺于自己惯常的固执之中，他的好争随即受到报应。然后，他们彼此鼓动要尽快把百姓从整个国家赶出去，还宣称，多留他们一天，甚至一小时，都可能为自己引来致命的报复。

---

① 关于第二灾，见《出埃及记》12：29—36。

25. 于是，希伯来人被强行驱逐，像流浪汉一样被赶出埃及地，但他们意识到自己的高贵血统，于是浑身充满胆量，理所当然地像自主的人那样行动，像不忘记蓄意加在自己身上的不公正的人那样行动；因为他们随身拿走了大量掠夺品，有些放在自己背上带走，有些装在牲口背上运走。他们这样做不是出于贪婪，也不是如指控他们的人可能会说的，是因为渴望占有别人的财物。不，确实不是这样。首先，他们只接受长期服役的工价；其次，他们要为自己受奴役报复，但不是同等的，不是以牙还牙，只是意思一下。试问，钱财的没收与自由的丧失之间有什么相似之处，能等量齐观吗？有理智的人为了自由不仅愿意舍弃物质，甚至愿意舍弃生命。无论怎样，他们的做法是对的，不论你认为它是和平的行为，接受应得的工价，原先不愿意支付，长期扣留的工价，或者认为它是战争的行为，主张得胜者有权拿走敌人财物的法律。因为埃及人最初的恶行就是将客人和求助者沦为奴仆，当做俘虏看待，如我前面所说的。一旦机会来临，希伯来人无须任何军事上的准备就为自己报了仇，正义之神举起盾牌庇护他们，张开手臂保卫他们。

26. 埃及受到这些灾难和惩罚的告诫，同时，希伯来人虽然与埃及人住在同一些城邑、乡村和房子，却没有受到任何一灾的侵扰；虽然土、水、气、火这些自然界的构成部分参与了这些攻击，而人是不可能逃离这些元素的，但希伯来人却安然无恙。最奇异的事乃是，在同一地点，同一时间，同样的元素给这些人带来毁灭，给另一些人带来安全。河水变为血，但对希伯来人没有变；因为当他们想要从河里汲水时，它又变回可喝的好水。青蛙从水里悄悄来到陆地，布满集市、农舍、家里，唯独对希伯来人远远地避开，似乎知道如何区分谁该罚，谁不该罚。无论是虱子、狗蝇还是蝗虫，虽然对树木、果实、动物和人造成如此巨大的损害，却没有一个飞到希伯来人那里；不断降下的暴雨、冰雹、霹雳也没有一个到达他们那里。他们没有感受到最痛苦难忍的溃疡，甚至想也没想过。当其他人受困于深厚的黑暗时，他们生活在明亮的光线之中，白昼之光照在他们头上。当埃及人的长子死去时，没有希伯来人死去，他们也不可能死。甚至当畜疫造成数不胜数的牲畜灭绝时，他们的牲畜没有一只染病。说实在的，我想凡是见证当时发生的事件的人，不得不认为希伯来人是其他人的痛苦的目击者，而且不只是身处安全的目击者，还是最杰出、最有益的课程的学习者——学习敬虔。因为从来不曾有如此清晰地论断善恶的审判，叫恶者毁灭、善者得救的审判。

27. 出发的以色列人中，有超过六十万的青壮年，其余人，包括老人、妇女、儿童，难以计算。跟在他们后面的是一大群混杂、难以归类的仆从，可以说，私生子与亲生子联合在一起。这些人是希伯来男子入赘到埃及人家庭，与埃及女子所生的孩子，还有那些因尊重显现给百姓的神圣恩惠，转到他们立场上来的人，例如皈依者，因又多又大的惩罚接踵而至而恢复明智头脑的人。①

指定引领所有这些人的领袖是摩西，他被赋予这一职责，担当王位，不像有些人那样是靠战争的武器，步兵、骑兵、海军的力量，把自己推上掌权者的位置，而是凭着他的良善、他行为的高贵、他一直向人显明的博爱之心。而且，他的职位是神，爱美德和高贵的神授予的，是他当得的奖赏。试想，他作为埃及当时掌权的国王的女儿的儿子，享有埃及的主子地位，但他放弃了，因为看到埃及地上所犯的种种罪恶，因为他自己的灵魂是高贵的，心灵是宽宏的，天生恨恶邪恶，这些使他彻底弃绝原本可以从收养他的亲属继承的产业；那负责并掌管万物的，认为应当让他做一个人口更多、更强大的民族的王，这个民族注定要在一切民族之上成为神圣的，代表人类恒久地献上祷告，祈求人类脱离邪恶，分有良善。他得了这一职位后，并没有像有些人那样，费尽心机称颂自己的家族，提拔自己的儿子——他有两个儿子——掌大权，使他们

---

① 见《出埃及记》12：27、37 以下。

成为目前的同党，以后成为他继任者的联盟。因为在一切事上，不论大小，他都遵循纯洁无欺的方针，就像一位好法官，让不会败坏的理性支配他对儿孙们的自然亲情。他为自己确立了一个主要目标，就是有益于臣民；他的所言所行，全是为了提高他们的利益，任何可能推进共同福祉的机会，都不可忽视。他与那些迄今为止做王的人完全不同，他不积聚金银，不征收贡品，不拥有房子、动产、牲畜、奴仆、收益或者昂贵富裕生活所需要的任何装饰品，尽管只要他想拥有，就完全可能多多拥有。他认为，看重物质财富只能表明灵魂的贫穷，因而鄙视这样的财富，称之为盲目的财富；而自然本性的财富有眼睛能看见，他高度重视，热烈追求，可能比任何人都孜孜以求。他从不在服饰、饮食和生活的其他方面讲排场、耍阔气，以增加自己的虚荣和高贵，在这些事上，他采取普通公民节俭而不张扬的方式，但若是真正高贵地开支那些他完全可能渴望多多益善的财富，他就非常慷慨大方。这些财富就是不断地表现自控、节制、温顺、机智、良知、知识、忍受艰难困苦、轻看享乐、公正、捍卫美德、依法指责并惩罚作恶者、依法赞美并荣耀行善者。

28. 由于他发誓放弃积聚钱财，对人有巨大影响的财富，因而，神赐给他最大、最完全的财富，作为对他的奖赏。那就是整个大地、海洋、河流，其他一切元素及其构成的复合物。因为神认为他配做他的助手，分有他所拥有的财产，他就把整个世界交在他手里，作为与他后嗣完全相配的份。因而，每种元素都听从他，当他是主人，改变自己的自然属性，听从他的吩咐，这样的事也没什么可稀罕的。正如箴言所说，属于朋友的东西就是共有的东西①，既然这位先知得称为神的朋友②，就可以推出，他也分有神的财产，只要是对他有用的。我们知道，神拥

---

① 参见《论亚伯拉罕》235。
② 《出埃及记》33：11。

有万物，不缺乏任何事物；而这位贤人，虽然严格地说一无所有，甚至不拥有自己，却可以尽其所能分有神的宝物。这是完全合乎情理的，因为他是个世界公民，不属于哪座人所居住的城邑，他所领受的不是哪一片地土，乃是领受了整个世界做他的份，所以这是完全正确的。再者，他能与万物之父和造物主合作，这是多么喜乐之事，而他又有幸被认为配有与他同样的称号，这喜乐岂不加倍扩大了吗？因为他被称为神和全民的王，而且如我们所读到的，得以进入神所在的幽暗之所①，也就是进入那隐匿的、不可见的、无形体的，又是一切存在之物的原型的本质之中。因而，他看见了必死者的肉眼所不能看见的，并且在自身之中，在他的生命中把它展现出来，叫众人看见，他在我们面前放了一件完美而庄严的作品，就像一幅精美的图画，作为那些愿意模仿的人的模型。那些把这像印在自己心中，或者力图这样做的人是幸福的。心灵最好能把美德的样式完整地携带，若是做不到这一点，至少要有拥有那种样式的坚定不移的欲望。

事实上，我们都知道，卑微的人效仿杰出的人，根据"他们"表现出的追求来决定自己的兴趣爱好。因而，如果某个统治者开始肆意挥霍，转向奢侈无度的生活，他的臣民几乎全都会跟着他尽情追求肚腹和性欲的快乐，超过实际的需要，唯有一些得了自然恩赐的祝福，拥有友善、吉祥、没有恶意的人例外。相反，如果统治者采取一种更为严格而严肃的生活原则，就算是极其放荡的人也会转而守节，不论是出于畏惧，还是出于羞耻，总之渴望给人留下这样的印象，即归根结底他们的目标是与他的一样的。事实上，恶者，即使处于疯狂之中，也不会指责善者的处世方式。另外，也许摩西注定要成为立法者，所以后来在他不知情的时候指派他担当那一工作的神之神意，使他在那日子远未到来之前就成为通情达理之人，活出律法的样式来。

———————————

① 《出埃及记》20：21，参见《论更名》7。

29.① 摩西接受了他们心甘情愿给他的权威，又得了神的认可和支持之后，就决定领着他们到腓尼基（Phoenicia）、科勒叙利亚（Coelesyria）和巴勒斯坦定居，后来被称为迦南的地方，其边境离埃及有三天路程。当时他领他们出来的路不是直路。他避开直路，部分原因是他担心，如果当地居民因害怕失去家园和个人自由，因而反对他们，继而对他们发动战争，他们就可能从原路（直路）返回埃及，这样，把此敌人换成彼敌人，新的敌人与旧敌人的交换，他们就可能受到嘲笑、戏弄，遭受比先前更大、更苦的困境。还有部分原因是，他希望领他们经过旷野行远路，考验他们的忠诚程度，在供应不是充分完备，而是越来越少的情况下，看他们的忠诚度有多高。因而他撇开直路，找了一条弯路，并且认为这路通向红海，于是就启程了。正在此时，如我们读到的，出现了一大奇观，自然界的伟大之工，没有人记得以前出现过类似的景象。一团形状像高大柱子一样的云，在人群前面移动，它的光在白天像太阳，到晚上就像火焰，使他们一路上不会偏离方向，一步步跟在一位不可能出错的向导后面。也许云柱里真的隐藏着伟大君王的一位副将，一位看不见的天使，肉眼不能见的传令者。

30. 埃及国王看到他们迷了路（他以为如此），在穿越荒无人烟、茫无路径的旷野，很高兴看到灾难临到他们的行程上，因为他以为他们必被困在里面，找不到出路。另外，他很后悔自己容许他们离去，企图追赶他们，指望他多数人会出于害怕而回来重做奴仆，他们若是执拗不听，就把他们全部歼灭。于是他带上所有的骑兵、标枪手、投掷手，配备弓箭手，以及所有其他轻装部队，还派出六百辆最精良的配有长柄镰刀的战车给车兵长，叫他们以相应的备战状态跟从，参与战斗。他全速奔向袭击目标，急切地往前推进，想要给他们突如其来、意料不到的攻击。因为突如其来的灾难比意料之中的灾难要棘手得多，相较于小心

---

① 以下至第32节见《出埃及记》13：18—15：21。

提防的警戒力量，袭击毫无提防的队伍显然更容易得逞。正当他怀着这样的动机追赶他们，希望取得毫无抵抗的胜利时，他们正好在海边扎营休息。他们正准备吃早餐时，突然听到一阵震耳的喧哗声，是全速前进的军队和马匹发出来的；听到声音，他们从帐篷一拥而出，踮起脚尖环视，竖起耳朵倾听。不一会儿，高高的山顶上就出现了敌人的军队，全副武装，有备而来。

31. 看到这奇怪、意料之外的一幕，他们惊慌失措。他们根本没有自卫的准备，因为没有必要的武器，他们远征不是为了作战，只是为了找地方定居。他们也不可能逃走，因为后面就是大海，前面是敌人，两边是茫茫无路的旷野深处。他们的信心被巨大的不幸摧毁，心里充满辛酸苦涩，所以他们就像在这种困境中的人常常做的那样，开始指责他们的领袖。"难道因为在埃及没有坟地埋葬我们的尸体，所以你要带我们来到这里，被人宰杀，埋在旷野吗？为奴难道不是比死好一点吗？你诱使这群人对自由产生盼望，然后又要它承受威胁到性命的更大危险。你难道不知道我们手无寸铁，而埃及人野蛮成性，对我们充满仇恨？你难道没看到我们的困境有多大，根本没有逃脱的可能？我们要怎样做？我们手无寸铁能对付全副武装的敌人吗？我们就像困在网中一样，冷酷无情的敌人，没有通路的旷野，有船也无法过去的大海，即使船能够通行，我们又到哪里去弄船过海？这样的困境，我们能逃走吗？"摩西听到这些话，很体谅他们，但他记得神圣的信息，于是为不同目的同时使用他的心灵和语言，在心里，他无声地祈求神，救他们脱离令人绝望的痛苦，同时用语言劝勉并安慰大声抱怨的不满者。"别泄气，"他说，"神的抵御方法不同于人。你们为何急于相信徒有其表、似是而非的东西，并且只相信那种东西？神给人帮助的时候，是不需要任何装备的。在无路之处找到出路，这正是他的独特性。在一切造物不可能的事，唯有在他是可能的，预备在他手边"。他这样说时，还镇静自若，但一会儿之后，他就不再是自己，而是充满了常常临到他的灵，于是说出这些谜一样的预言："你们现在看见全副武装向你们扑来的人，你们将不再看到他们列队攻击你们。它将完全毁灭，消失在深渊里，地上再也看不到它的痕迹。这事不会长久，就在晚上成就。"

32. 这就是他的预言。但到了日落时分，异常猛烈的南风刮了起来，由于它猛刮下来，它下面的海水就往回卷起；虽然平常也有涨潮，但这一次比往常更是汹涌，潮水被海岸撞回来之后，就像被卷入深坑或者漩涡里。没有星星出现，一片浓重的乌云盖住了整个天空，夜晚的阴沉使追赶者突然感到恐惧。此时，摩西按神的吩咐，用杖击打海水；在他击打之下，海水裂开，分成两部分。一部分上升到一个非常高的高度，然后停住，坚不可摧地立定，岿然不动，像一堵墙；后面的海水受到阻挡，遏制了前行的进程，似乎有看不见的缰绳向后拉，高高地耸立；而介于两者之间的部分，也就是断裂的地方，海水枯竭，成为宽阔的大路。摩西看到这路，大为惊异和兴奋，满怀喜悦地鼓励百姓，吩咐他们全速前进。

当他们准备上路时，一个非同寻常的迹象出现了。引路的云柱其他时间都是立在前面的，此时却转到人群的后面殿后，由此挡在追赶者与被追赶者之间，对后者，调整他们的路线，催促他们快快到达有安全保障的地方；对前者，遏制并击退他们的前进。埃及人看到这一切，变得惊慌失措，到处出现骚动和混乱，他们的车兵长万分恐惧，队伍就陷入混乱无序。他们四处奔跑，相互绊跤，力图逃跑，但徒劳无益；因为当希伯来人带着妇女孩子，包括婴儿，在黎明时分走在干地上过了海的时候，埃及人这边情形却完全相反。在北风吹袭之下，海潮回卷，翻起巨浪扑向他们。分开的两部分海水从两边向他们滚过来，然后合在一起把他们淹没，包括马匹、马车以及一切，甚至持火把的人①也没有一个留

---

① 或者简单地说，一个"幸存者"也没有留下，这一短语已经变成一个谚语，不再考虑它的起源问题。关于它的起源，L. & S. 给出的说法是，它专门用于斯巴达军队里的祭司，他带着圣火，这火是不允许熄灭的。其实除了这种说法外，还有别的说法。

下，连向埃及百姓报告这突如其来的灾祸的人也没有了。这伟大而奇异的事件使希伯来人大为吃惊，他们发现自己出乎意料地不战而胜，看到自己的仇敌在一瞬间全军覆没，就在海滩上组成两个唱诗班，一个男班，一个女班，向神唱感恩的颂歌。摩西和他姐姐分别主持这两个唱诗班，领唱颂歌，前者领唱男班，后者领唱女班。

33.① 他们从海岸往前行，走了一些时候，不再惧怕会遇到敌人。但三天之后，水没有了，干渴再次使他们陷入绝望。他们再次开始抱怨自己的命运，似乎迄今为止从未有好事落到他们头上。确实，我们一遇到恐惧之事，总是把过去恩福带来的喜乐忘得一干二净。然后他们看见一些泉水，喜出望外地跑过去汲水，然而，由于他们对真理一无所知，被蒙骗了。这水是苦的，他们尝了之后，大失所望。他们的身体筋疲力尽，他们的灵魂沮丧失落，与其说因自己，不如说因他们幼小的孩子，看着他们因干渴而啼哭的样子，让人无法忍受，禁不住泪流满面。有些缺乏思想，在敬虔上比较软弱的人，甚至说，过去的事原不是要他们得益处，反倒引他们进入更糟糕的不幸。他们还说，就是在敌人手下死上三次，不要说一次，也比渴死好，何况情形可能比渴死更糟糕。在智慧者看来，迅速而轻松地离开生命，等同于没有死；真正的死乃是一个缓慢而痛苦的过程，对死的恐惧不在于死本身，而在于死的过程。

当他们这样哀哭时，摩西再次向神祈求：他既知道自己的造物是软弱的，尤其是人的软弱，知道身体必须依赖于食物，离不开那些苛刻的情妇，吃的和喝的，就请他宽恕沮丧的人，也请他满足众人的需要，不要拖延到以后，就在当下速速赐福给他们，考虑到必死者天生目光短浅，他们渴望帮助能迅速给予，当下赐给。他还未祷告完毕，神已经预先差下他恩典的权能，开启祈求者灵魂里警醒的眼睛，吩咐他把指示给他的树举起来丢在泉水里，这树可能是天然长成的，以施行一种迄今为

---

① 这一节见《出埃及记》15：22—26。

止一直不为人所知的美德，也可能是此时造出来的，以用于指定给它的事工。摩西按他吩咐的做了，于是泉水变甜，成为可饮用的水，以至于人们甚至不可能想到它们原本是苦的，因为没有任何痕迹或气味使人想起它先前的恶劣状态。

34. 他们满怀喜悦地解除了干渴，因为意想不到的事带来的喜乐远远超过实际的享受，然后他们把水壶装满，继续上路，感觉自己就像是刚从宴席和欢庆活动起身，兴高采烈，陶醉非凡，不是出于酒，而是因为他们敬虔的领袖领他们享用的朴素的欢饮。

① 然后他们到达第二个停靠地，叫以琳。此地树木葱郁，泉水汩汩，蓬勃生长的七十棵棕树枝繁叶茂，周围有十二股水泉浇灌。凡有敏锐洞察力的人，都可以清晰地看到这些是赐给这个民族的恩福的记号和象征。因为这个民族有十二支派，每个支派将因着其敬虔，由供应如常年不断之水流的敬虔和永不中断的高贵行为的井表示，而整个民族的首领有七十位，他们可以被恰当地比喻为棕树，最高贵的一种树，不仅外表卓越，所结的果子也非同凡响。它也不像别的树那样，将自己的生命原理埋葬在根部，而是将它抬高，像心脏一样坐落在树枝中央，所有的枝条在它周围保卫它，就如同保卫它们的皇后。那些品尝了圣洁的人的心灵也有这样的本性。这样的心已经学会向上凝视和伸展，而且，因为它始终伸展高度，洞悉神圣的美，所以对地上的事物嗤之以鼻，看它们只是如同孩子的游戏，而对那些真正有意义的事，给予最深切的关注。

35. ② 这之后不久，他们弹尽粮绝，陷入饥荒。看起来必然性的力量似乎转过头来攻击他们。那些苛刻的情妇，饥饿和干渴，把自己强加到他们头上，并不断叠加，结果一个缓解了，另一个又接踵而至。这是令受害者最无法忍受的，因为往往在他们以为已经摆脱干渴的时候，就

---

① 这一段见《出埃及记》15：27，并参见 De Fuga 183 ff. 。
② 这里起至第 37 节见《出埃及记》第 16 章。

发现饥饿之灾正伺机取而代之。出现匮乏还不是他们唯一的困难，更有对将来是否能获得供给的绝望之心。看到无边无际的荒漠，完全没有果子可以充饥，他们充满了绝望之情。周围寸草不生，不是乱石嶙峋，就是大片的盐碱地，或者全是石头的山峰，全是沙子的深谷又陡又高地延伸，没有江河、泉源、冬季的水流，没有井、耕地、覆盖树木的林地，不论开垦的或原始的，没有生物，不论空中的，还是陆地的，唯有爬虫喷出毒液置人于死地，比如毒蛇和蝎子。于是，他们又回想起埃及的富饶肥沃，把那里的一切全备与这里的一无所有相对比，不禁心生恼怒，并且彼此这样述说自己的感受："我们怀着对自由的盼望离开那个国家，然而我们甚至连性命也无法保障。我们的领袖许诺给我们幸福，事实上，我们是最悲惨的人。如此漫长、没有尽头的行程究竟是为了什么？每个旅行者，不论海路的，还是陆地的，总有一个要达到的目标，要么去集市或港口，要么去城邑或国家；唯有我们面前是毫无路径的茫茫旷野，令人痛苦的路程，令人失望的窄迫。因为随着我们前行，展现在我们面前的，可以说是一片汪洋大海，广袤无边、深不可测、无路可通，日复一日地越来越大。他用话语劝勉我们，鼓励我们，用空洞的希望充塞我们的耳朵，然后让饥饿折磨我们的肚子，甚至不给我们最低限度的营养物。他以定居的名义欺骗这么多民众，首先把我们从一个有人烟的地方带到一个渺无人烟的荒野，然后领着我们走向生命终结的坟墓。"

36. 摩西受这样的侮辱后，与其说对他们遣责他本人感到愤慨，倒不如说对他们在论断上没有稳定性感到生气。经历了这么多异乎寻常的奇异事件之后，他们原本不该再被徒有其表、似是而非的事物迷惑，而应当信靠他，因为关于他那可靠的真实性，他们早已得到了最清晰的证据。但是另一方面，他考虑到食物的缺乏是临到人类的最大不幸之一，于是就原谅了他们，知道民众的本性原是不稳定的，随时被当下的情势左右，其结果就是对历史遗忘，对未来绝望。因而，当他们全都被烦恼湮没，等着他们相信必近在咫尺、预备攻击他们的大厄运到来之时，神一方面出于他本性中对人的仁慈和爱，另一方面也希望荣耀他所任命的领袖，更是为了使他们认识到他们领袖的敬虔和圣洁，既表现在清晰的事上，也表现在晦涩的事上，就怜悯他们，使他们解脱痛苦。他由此设计了新型的、奇异的恩惠形式，以便通过更清晰的显明叫他们得到教训，不可因为某事没有立即呈现出应有的面目，就抱怨、泄愤，而要耐心忍受，期待好事来临。那么究竟发生了什么事呢？就在次日黎明时分，营地四周布满了露水，是神无声无息地降下来的；一种奇异的、非同寻常的雨，不是水，不是雹，不是雪，也不是冰，不是冬至时云层里的变化所产生的东西，而是极其细小的白色颗粒，它们倾泻而下，堆积在帐篷前面。这是一种不可思议的景象，他们大为吃惊，就问领袖："这是什么雨，先前从未有人见过这种雨，它降下来有什么目的？"摩西在回答时被神圣的灵充满，说出以下这些神谕的话："人有肥沃的平地，只要用犁耕成垄，撒下种子，再加上其他种种农事，每年就能生产出果实，提供丰富的生活必需品。但神不是使宇宙的某一部分顺服于他，而是使整个世界和它的所有部分都顺服于他，叫它们如仆从一样在他愿意的一切事上协助它们的主人。所以此时在他看来应当让空气带来食物，而不是水分，就像大地也常常带来雨水一样。埃及的河每年涨溢，冲刷田地，浇灌庄稼，它不就是从地底下涌出的水吗？"

　　神的工作就算到此为止，也是足以令人惊异的，但事实上，还有其他更加奇异的事，使它的奇妙性进一步增加。人们带着器具从四面八方赶来收集小颗粒，有的用牲畜驮，有的用自己的肩背，心想把它们积聚起来，备日后之用。然而，结果表明，根本不可能积聚或储存它们，因为神的目的是要给予永新的恩赐。当他们取了满足当时所需的足够数量后，就兴高采烈地吃起来，但他们发现，没吃完的，想要留给次日的，全都变了味，发出臭气，爬满蛆虫，根本无法保存。于是他们理所当然把它们扔了，却看到每日都会有新鲜的食物为他们预备，带着露水降到他们头上。

一种特定的分别赐给神圣的第七日，因为在那一日，不可做任何事，不可做所禁的工，不论大的小的，因而他们也不可收集必需的食物，于是神在前一日降下双倍的粮，吩咐他们收起够两天的量。这样收来的粮保持完好，没有一点像以前那样腐烂。

37. 还有更为奇妙的事。在他们踏上行程漫长的四十年里，所需要的食物按刚刚提到的法则供应，就像量出定量分给各人，满足各人的需要。同时，他们学会了正确确定他们一直深切渴望了解的日子。① 很久之前，他们曾问过，这宇宙形成、世界诞生的日子是什么，这个问题，一代一代流传下来，都没有解决，经过漫长的时日，如今他们终于找到了答案，不仅借着神圣宣告知道，也有完全确定的证据。因为如我们说过的，虽然在其他日子里，多余的降下物要变坏，在第七日之前的日子，这粮不仅不变坏，实际上还降下了双倍的量。

他们使用食物的方式如下：黎明时，他们收起降落下来的，磨碎或碾碎，然后在沸水里煮开，他们发现这样做出来的食物非常讨人喜欢，就像蜂蜜饼，而且不需要复杂的烹调技术。

事实上，不久之后，他们得到充足的奢侈生活的供应，因为神乐意多多供给他们，而且不止于此，凡是在富裕、繁华的国家所能看到的食物，都在旷野里供给他们。到了晚上，有成群结队的鹌鹑不断从海上飞来，遮满了整个营地；它们飞得很低，所以轻而易举就能捕捉到。② 所

---

① 意思是说，第七日原是世界的诞生日（参见《论创世》89），但百姓已经不知道怎样数算（见《论摩西的生平》II. 263）。斐洛很可能注意到，虽然《创世记》第 2 章里把它视为神圣的，但在此之前没有出现过任何遵行这一日子的记号。这"诞生日"是第七日，而不是第六日，乃是因为虽然到了第六日所有的工都成了，但是在第七日显现出这工的完全性，参见《寓意解经》II. 59。

② 在这一段，斐洛把《出埃及记》16：13 的记载与《民数记》11：31—33 的记载结合起来。在《民数记》里，如在斐洛这里，鹌鹑是在吗哪之后，而不是如《出埃及记》里那样，是在吗哪之前出现的。另外，他又忽视了《民数记》里的陈述，即要求调味品的行为受到惩罚，招来了一场灾祸。

以，他们抓了鹌鹑，清洗干净，各人按自己的口味，得到使食物更美味的调味品，烧出最可口的肉，大饱口福。

38.[①] 虽然这种食物的供应从未停止，而且让他们一直多多享有，但水的严重缺乏又一次出现。在这种痛苦的压迫下，他们的心情又变得沮丧，于是摩西拿出那根他曾在埃及行过神迹的圣杖，在圣灵感动下击打陡峭[②]的磐石。这磐石可能原本就蕴藏一股泉水，现在一击打就把它的通道完全打开；也可能是一个借助隐秘通道把水积聚在里面的物体，第一次受到猛烈击打，就涌出水来。不论哪种情形，总之它在击打下裂开，里面的水喷涌而出，所以不仅解除了他们当下的干渴，还有更多的水供这几十万人马长期使用。他们装满所有的水壶，就如前一次所做的那样，就是从那原本是苦水，但在神的引导看顾下变为甜水的泉里装满水壶。

人若是不相信这些事，就不能认识神，也不曾努力认识他；否则，他若努力过，就会立即意识到——没错，他必确信——这些异乎寻常、看起来是不可思议的事在神不过如同小孩的游戏而已。他只要把眼睛转向那些真正伟大而值得他热切沉思的事物，天空的受造，各大行星和恒星的有规律运动，照射我们的光白昼从太阳来，晚上从月亮来，在宇宙的正中央确立大地，广袤的大陆和岛屿，无数的动物和植物，还有浩渺的海洋，奔涌的江河，春蓄冬涌的湍流，长年不断的泉源，有的流出冷水，有的涌出温水，包含各种变化的空气，一年四季及其各自明显的分别，以及其他数不胜数的美。人若是想要描述宇宙的某些部分，或者毋宁说，只要看看宇宙的某个主要部分，就会发现自己的生命太过短促，即使他的年限比其他任何人的寿命更长，也不过是刹那间。但是这些事

---

① 这一段参见《出埃及记》17：1—7 和《民数记》20：1—13。

② 这一称号源于《申命记》8：15 所暗示的故事。斐洛在《寓意解经》Ⅱ.84 和《论梦》Ⅱ.222 里用到它。这个词可以译作"坚硬的"，如英译本里那样，不过，在两种译法中斐洛都强调它与"akros"的关联。

虽然是真正的奇异之事，人却视为当然，几乎没有什么解释，因为他们习以为常了。而对不熟悉的事物，尽管只是微不足道的事物，却不会如此；我们在看起来非常奇异的事物面前迷失，并被它们的新奇性吸引，对它们感到惊异不已。

39.① 他们又经过漫长的跋涉，穿越了一个茫茫无路的地带之后，来到了能看见有人居住之地的边境，他们想要定居在这个国家的边远地区。这个国家居住着腓尼基人。② 他们原想在这里找到和平安宁的生活，不料他们的盼望落空了。因为统治那里的王担心他们会掳掠、抢夺，就召集各城的年轻人，前来与他们会面，希望阻断他们的路；倘若那样的方案行不通，就要尝试开战，用武力挫败他们，因为他看到自己的人毫无倦意，已经为争战养精蓄锐，而对方经过长途跋涉，又不断受到饥馑和干渴的轮番攻击，已经筋疲力尽。摩西从探路者得知，敌人就在他们不远处，于是就召集所有青壮年，并从他的助手中挑选一位名叫约书亚的，担当指挥，自己迅速负起战争中更为重要的职责。先是根据传统仪式洁净自己，然后刻不容缓地奔向旁边的小山，恳求神护卫希伯来人，赐给这百姓胜利，就是他从各种争战和其他比这更严峻的困境中拯救出来的百姓，因为他不仅驱逐了世人威胁他们的各种灾难，还消除那些以奇异的方式、通过各元素的巨变而发生在埃及的灾难，以及一路上不断困扰他们的各种匮乏引发的灾难。当他们准备开战时，他的双手以极其不可思议的方式受到影响，一会儿非常轻松，一会儿极其沉重；只要它们处在前一状态中，并且高高举起，他这边的战友们就坚忍不拔，英勇百倍，但他的双手若沉重地垂下，敌人就占据上风。因而神象征性地表明，地和宇宙最低的区域是分派给一方的份，而天，即最圣洁的区域，是分给另一方的份；正如天在宇宙中掌握王权，高于地，同

---

① 这一节见《出埃及记》17：8—16（参见《申命记》25：17—19）。斐洛忽略了亚伦和户珥在扶住摩西双手中所起的作用。

② 这很可能是指通常的迦南居民，不是专指亚玛力人，就是接下来描述的被打败的人。

样，这民在争战中也当胜过对手。于是，虽然他的双手忽轻忽重，就像天平一样忽左忽右，使战事的前景也晦暗不明，但是，当他们突然失去一切优势的时候，手指就变作他们的翅膀，高高抬起，像穿越空气飞行的支派，并且一直保持这种高耸状态，直到希伯来人取得了最终的胜利，敌人全军覆没，从而让他们在对待别人的错误行为上受到了公正的惩罚。然后摩西还筑了一座坛，根据这一事件取名为"耶和华的避难所"①，并在坛上献上感谢祭，庆祝这一胜利。

40. 经过这一场战争，他得出结论，由于这是他们行路的第二年，他应当视察这个民族打算定居的地土。他希望他们通过直接的报告对这个国家有美好的观念，而不是以通常的方式无知地争辩，并基于对各方面的明确了解来计划适当的行为方式。他挑选了十二个人，与十二支派对应，每个人做一个支派的首领，都是根据他们的高尚品德挑选出来受到众人拥戴的人，免得整个民族中哪一部分因别的支派所得比自己或多或少，就彼此不和，所有支派都从各自的首领了解居民所生活的地土的情况，只要使者能报告全部实情，这一点就不难做到。他把这些人挑选出来之后，对他们说了以下这番话："我们所经历并且仍要忍受的困苦和危险，有我们所盼望分得的地土作奖赏，我们信靠的这盼望是不会让人失望的，因为我们要去定居的那个国家是如此繁华、人口众多的地方。了解那些地方、那些人及其环境是有益的，不了解是有害的。所以我们指派你们，借助于你们的眼睛和智慧，使我们能够视察这个国家的状况。那么，就成为这伟大民众的眼睛和耳朵吧，让他们清楚地了解他们想要知道的事。我们想要了解三件事：人口的数量和质量，各城所建的位置是否有利，建筑是否坚固，土地是否有深厚、肥沃的泥土，完全适合从麦田里、果园里结出各类果实，还是相反，是微薄而贫瘠的。由

---

① 或者是指"在耶和华里避难"。七十子希腊译本为："耶和华是我的避难所。"英译本为："耶和华是我的旌旗。"

此我们将以同等的兵力对抗当地居民的数量和力量，以器械和围攻装置
对抗他们地理上的优势。了解土地肥沃不肥沃也必不可少，如果贫瘠，
那么冒着危险去谋求它岂不愚蠢。我们的兵力、工具和所有力量全在于
对神的信心。有了这信心的装备，我们就能藐视任何可怕的事物。信心
能赋予我们强大的力量，不只是强大的力量，而是完全不可战胜的力
量，在体格、勇气、经验和数量上，有了这信心，我们在茫茫旷野仍能
获得资源充沛的城邑所能提供的一切。验证一片土地好坏的最佳季节是
春季，就是现在。因为在春季里，各种庄稼逐渐成熟，果树开始正常生
长。不过，最好还是等到夏至时分，再带回果子作为样品，表示那地的
富裕。"

41. 探子们听了这些话，就出发执行使命，全体民众护送他们，因
为担心他们被抓走、杀死，从而蒙受双重大灾：一方面是作为他们各自
支派之耳目的这些人的死亡，另一方面是对于预备攻击他们的敌人一无
所知，而知道那些情况将对他们非常有益。这些人带上侦察和引路的向
导，跟在他们后面。当他们靠近目的地时，迅速登上邻近最高的山峰，
视察这个国家。它的很多区域是生长着大麦、小麦和青草的平原，丘陵
地带同样长满葡萄树和其他树木，全地森林资源丰富，有茂密的参天大
树覆盖，其间有泉水、河流贯穿，为它提供充沛的水分，从最低处到最
高处，整个丘陵地，尤其是山脊和陡峭的悬崖，形成一个由多荫树木构
成的紧密结构。他们还观察到各城有坚固的守卫，一方面是有利的地理
位置，另一方面是坚固的城墙。经过对当地居民的仔细审视，他们发现
居民的数量众多，体形高大，至少在块头和力量上像巨人一样胜人一
筹。记下了这些信息之后，他们继续观察，以求获得更准确的了解，
因为第一印象往往是不可靠的，唯有花时间慢慢深入打探，才能探及
事实本身。同时，他们想方设法摘了一些树上的果子，不是刚结出来
的青涩的果子，而是正在变红成熟的果子，以便有肯定能保持良好状
态的事物向整个民众展示。他们尤其对葡萄树结的果子感到惊异，葡

萄串非常之大，沿着树枝和嫩芽伸展，呈现出令人难以置信的景象。他们就剪下一枝，把它挂在一根柱子的中间，由两个年轻人抬着，一个在前，一个在后，由于担子太重，一直抬着非常劳累，就不时地换两个人轮流抬。

对于至关重要的事，使者们并非同心同德。

42. 事实上，他们中间有无数的争论，即使在返回之前的路上也是如此，尽管争论比较小，因为他们不希望他们的争论或相互冲突的报告在百姓中导致分裂。但是，当他们回来之后，这些争论变得越来越严重。一方详尽描绘各城的防御工事，众多人口，在叙述任何一点上都加以夸张、扩大，在听者心里产生畏惧；另一方则降低他们所看到之事的严重性，吩咐听者不要气馁，而要坚持找定居点，保证他们不费一兵一卒就能取胜。他们说，没有哪个城邑能抵挡得住如此伟大的力量的联合进攻，必被它的势力摧垮。双方都把各自的感受传递给听者的灵魂，一方把他们的胆怯传给软弱者，另一方把自己的勇气和希望传给不气馁的人。但后者在人数上只有前者的五分之一，也就是说，丧气怯懦者是精神抖擞者的五倍。既然胆怯占据了绝大多数人，极少数人的勇气就被湮没不见了。我们读到的故事就是这样；因为带来极为有利的报告的人是两个，而作出相反报告的人有十个，后者人数上远远超过前者，所以后者说服全体民众不接受前者的看法，而与他们取得一致意见。

关于那个国家，他们异口同声地赞美平原和丘陵地区的美，但是百姓立刻就大声喊道："然而，属于别人的美物于我们何益呢，更何况受到严防，谁也不可能把它们夺走？"他们还猛烈攻击那两人，几乎用石头杀死他们，以为他们偏爱令人愉悦的空洞言辞，而不是有益之物，选择说谎言，而不是真相。这引起了他们领袖的愤慨，他同时又担心他们这样愚蠢地不信神的话语，会有某种灾祸从他临到他们头上。这种担心不幸应验了。十个胆小的探子与那些分有他们的愚蠢沮丧的人在一场瘟疫中死了，唯有那两人，就是劝告他们不要惧怕，坚持定居计划的人，得救了，因为他们顺服神谕，因而得到特别的恩惠，不与其他人同遭灭亡。

43. 正因为如此，他们没有马上来到打算定居的地土。因为他们虽然可以在出埃及后第二年占据叙利亚各城，和他们应得的份，但他们离开了直接通到那里去的道路，四处飘荡，艰难行走，穿越茫茫无路的地区，这样的地区一个接一个出现，给灵魂和身体带来无休无止的疲惫困乏，他们必须为自己的大不敬忍受惩罚。此后整整三十八年，一代人的生活时间，他们在旅途中上下颠簸，劳累疲乏，来来回回地在茫茫无路的荒野上寻找，直到第四十年，他们才顺利地到达他们先前已经到过的那个地区的边境。

①靠近入口的地方，除了别的人，还住着他们自己的一些亲属，他们真诚地认为这些人会与他们联合反对邻人，在各方面协助新的定居行为；即使不协助他们，至少不会干涉他们，而保持中立。因为这两个民族，希伯来人和这些边远地区的居民的祖先是同父同母的两兄弟，而且是孪生兄弟。两兄弟都成为不断增加的家族的先辈，他们的后代都生育多多，所以两个家族都发展成为伟大而人口众多的民族。其中一个守着家乡，另一个，如以上所说的，由于饥荒迁移到埃及，许多年之后又回来。后者尽管长期分离，但仍然保持亲属关系的纽带；所以，纵然它要对付的人完全没有保留祖先的习俗，彻底抛弃了原有的社群生活方式，它仍然认为给同宗亲属送点礼物表示好意乃是人之常情。而另一个则相反，对一切谋求友谊的举动感到不安。在它的习俗、语言、政策、行为中，表现出不能消解的敌意，始终燃烧着祖传的世仇之火。因为这个民族的创始人，自愿把自己的长子权卖给兄弟之后，又反悔，违背约定，要收回已经放弃的东西，还索要他的血，威胁说，如果他兄弟不归还长

---

① 从这里到第 44 节末见《民数记》20：14—21。

子权，就要他的命；两个人之间的这种旧恨经过这么多世代之后又在两个民族之间死灰复燃。

希伯来人的首领摩西只要发动进攻很可能就赢得一场没有敌手的胜利，但由于以上所提到的血缘关系，他觉得采取这种方式不合情理。于是他只要求让他们穿过国土，并许诺遵守他同意接受的条件，不破坏任何地产，不带走或掳掠任何牲畜，若是缺水或者缺乏其他东西，就拿钱来买。但是他们断然拒绝这些和平建议，还威胁说，如果发现他们踏上他们的边境，甚至只是在门口，就征伐他们。

44. 希伯来人被这样的答复激怒了，正准备拿起武器，但摩西站在众人能听见的地方，对他们说：“我的民，你们的愤怒是正当合理的。我们出于最良善的灵提出友好的建议，他们却出于恶毒之心给我们可恶的答复。但是，他们的野蛮行为诚然该受惩罚，我们却并不因此就有权利采取武力报复他们。我们是受人尊敬的民族，不能这样做，这种荣誉要求我们在这里也当显明我们的良善与他们的卑劣之间的分别，也就是不仅要查究是否有些个人该受惩罚，也要探明由我们来执行惩罚是否恰当。”然后他转身领着众人走上另一条路，因为他看到通向那地的所有路都被他们设置的岗哨封锁，这些人其实完全没有理由认为希伯来人会伤害他们，完全是出于嫉恨和恶意才拒不让希伯来人走直路。这最清晰地证明了这些人对这个民族的解放所感到的恼怒，正如他们毫无疑问对这个民族在埃及所受的奴役感到喜乐一样。凡是对别人的幸福感到不爽的人，必然对别人的不幸感到快乐，尽管他们可能并不承认这一点。事实上，希伯来人以为他们的情感和愿望与自己是一样的，就把自己的一切经历，包括痛苦的和快乐的，都告诉他们，并不知道他们早已堕落至深，品性恶劣，喜好争吵，必然对他们的好运叹息，对他们的厄运雀跃。但当这些人的恶意暴露之后，希伯来人却被自己的首领阻止，不得使用武力反对他们，这位首领表现出两种最优秀的品质——好的理智，同时也有好的情感。他的理智表现在提防可能降临的灾难，他的人情表现在对亲属他甚至不愿意报复。

45.① 于是，他绕过这个民族的城邑。但毗邻的迦南的国王②，得到探子报告，说有一群徒步旅行者出现在不远处，就以为他们是混乱无序的，如果先下手为强，必能轻易击败。于是，他召集他身边的年轻护卫组成精兵强将出发，迅猛攻击，把那些最先遭遇他，可以说没有任何作战准备的人击败；俘虏了这些人之后，对这意料之外的胜利得意扬扬，于是乘胜前进，指望能摧毁其余人。但是希伯来人并没有因先头部队的溃败而有一点沮丧，反而充满了比先前更大的勇气，急切地以自己的热心填补由于同伴的被捕而出现的缺乏，他们彼此鼓励，不可灰心丧气。"我们要振作起来，行动起来，"他们大声说，"我们现在就要踏进那片国土。我们不可泄气，而要拿出勇气，有勇气就会有安全保障。结局往往取决于开端。所以在这里，在地土的入口，我们要打击居民，使他们惊恐，要认定他们城里的财富是我们的财富，而我们从旷野带出来的必需品的缺乏是他们的缺乏，我们要与他们交换位置"。希伯来人就这样彼此勉励，同时发愿要把国王和居民的各城献给神，作为地土上初结的果子。于是神接受了他们的祷告，激发他们的勇气，把敌人的军队交在他们手中。他们经过猛烈攻击，抓获了敌人之后，就按先前所发的愿献上感谢祭，自己不拿走一点战利品，把城邑、居民和财宝全都献给神，并为整个国取名叫"奉献的"，由此可见事实之一斑。正如每个敬虔之人无论从自己的地产里收获什么，都要把每年出产的初果献上，同样，这个民族也把他们刚夺下的王国留出来，从而把他们要移居的伟大国土的很大一部分作为他们定居的初果献出来。因为他们认为在他们还未献上地土和城邑的初果之前就分配地土是不敬的。

46.③ 不久，他们又找到一个位于地土边境的井，井里满是甜美的

---

① 这一节见《民数记》21：1—3。

② 七十子希腊本：迦南王亚拉得，英译本：迦南人亚拉得王。

③ 这一段见《民数记》21：16—18。

泉水。于是全体民众喝了个痛快，他们的精神也更加抖擞，似乎喝的是烈酒，而不是水。神拣选的这个民族欢天喜地、兴高采烈地围着井组成唱诗班，颂唱一首新歌，献给神，他赐给这地土作他们的份，并在他们迁居的路上真正地引领他们。他们在这个地方唱颂歌，是因为他们经过漫长的旷野之旅后，第一次来到这里，踏上有人居住的土地，而且在这个他们要拥有的地方，他们发现了丰富的水源，所以他们认为不应让这井默默无名，而应给予赞颂。因为如他们所得知的，这井不是普通人所挖，乃是出于国王之手；国王挖井，目的并不只是要找水，更是把财富大肆挥霍在造井上，以显示这工程的宏伟性，以及建造者的权威和高贵气质。① 摩西对接二连三的幸事大为喜乐，就把年轻人分成前锋、后卫，把老人、妇女和孩子安置在中间，这样，即使有敌人袭击，不论前面，还是后面，弱者都能得到保护，然后继续赶路。

47. 几天之后，他进入了亚摩利人的国土，就派了使者去见他们的王西宏，对他提出先前对自己的亲属提出过的同样的要求。但西宏不仅无礼答复使者，若不是使节之法的禁止，他甚至要置他们于死地，而且他召集了所有军队，出发攻击，企图一击得手，旗开得胜。然而，一交手，他就意识到自己所对付的绝不是未受训练、毫无经验的战士，而是真正精通战事、不可战胜的人，这些人不久前刚取得许多伟大英勇的战绩，而且身体强壮、精神饱满、品德高尚，凭着这些品质轻而易举地捕获敌人，对战利品却不拿一分一毫，只想把最初的奖赏献给神。所以这一次，他们也以同样的决心和武器把自己装备得坚不可摧，出去迎敌，随身还带着不可抵挡的联盟——正义，这也使他们信心百倍，成为热情高涨的斗士。证据清楚地表现了这一切。根本不需要第二场争战，这第一场就是唯一的一场，整个敌对势力溃不成军，仓皇逃窜，然后被摧

---

① 斐洛将"首领所挖"解释为找水的行为，而将"国王所打"解释为在井边的建造。参见《论醉酒》113，那里对歌的灵性意义作了解释。

毁，彻底歼灭。他们的城池同时既倾空又充满——原有的居民无一幸免，全由胜利者占据。同样，国中的农庄住宅也被原住民抛弃，由在各方面都更优秀的人接管。

48.① 这次争战在亚细亚所有国家引起了极大的恐慌，尤其是那些毗邻地区的人，因为预料的危险越来越近。其中有一个邻国国王，名叫巴勒，掌管着东边一个幅员辽阔、人口众多的地区，还未开战就丧失了信心。他根本不想与敌人面对面冲突，想避开直接、公然使用武器的毁灭性战争，所以求助于占卜和预言，心想，既然希伯来人的力量在战场上不可战胜，那他利用某种诅咒有可能摧毁他们。再说，当时在美索不达米亚住着一个人，以说预言闻名遐迩，他精通那种技艺的秘密，了解它的各种形式，尤其以他在占卜上的卓有成效受人尊敬，他在许多时候向许多人显明过许多事，是那样伟大，那样不可思议。对有些人，他预言了夏日的暴风雨，对另一些人预言隆冬的干旱和大热；对一些人说，丰收之后就会颗粒无收，或者匮乏之后又有丰收，对另一些人预言江河的满涨或干涸，对付瘟疫的各种办法，还有其他数不胜数的奇异之事。每一次都使他说预言的名声更为人所知，使他成为大名鼎鼎的人，关于他的传说不断传播，传到各个地方。巴勒派了一些大臣到他那里，邀请他前来，当下就送给他很多礼品，并允诺还有其他酬谢，同时说明请他前来的目的。但是这个预言家拒绝了，说神不允许他前往。其实此人并非出于可敬的或真诚的情感，只是想要摆出一个著名先知的姿态，没有神谕核准，他的光顾毫无作用。于是使者一无所获地回到王面前。但他又挑选了更高级的大臣，带着更多的钱财为同样的目的前来，并许诺给予更多的礼物。被那些当面呈上和渴望得到的东西引诱，也出于对使节之尊严的尊重，他答应了，又假装借口这是属神的命令。于是次日他做

---

① 自此至第 53 节关于巴兰的故事，见《民数记》第 22—24 章。斐洛以一种古怪的理性主义方式处理这个故事。神给巴兰送梦（第 22 章）被认为是他虚构出来的，而且天使向驴显现虽然为人接受，但没有论到驴说话的事。

好上路的准备，还谈到梦，说他被异象困扰，这些异象是如此清楚，迫使他不能再停留不动，必须跟随使节。

49. 然而他刚起程，路上就得到一个明明白白的异象，表明他如此急切地去侍奉的目标是有恶兆的。因为他正骑着的那头驴，原本沿着直路前行，却突然一下子停住了，然后，似乎有人在对面用力推它，或者使它后腿高高立起，总之，它往后倒退，然后还左右转动，来回挣扎，无法保持安静，似乎喝了酒，变得异常刚烈；尽管受到不断鞭打，仍然无动于衷，反而几乎把主人掀翻；他尽管还坐在驴背上，没有掉下来，却很疼痛，他抽驴子有多狠，自己遭受的痛就有多大。因为这些土地两边是靠得很近的墙和树篱，所以当驴子向两边撞击时，主人的脚、膝、胫骨就受到挤压，产生粉碎、断裂。这显然是个神圣异象，异象的显现持续了相当长时间，这驴子看见惊吓不已，但是这人却看不见，由此证明他是多么漫不经心。此人自称不仅能看见世界，还能看见世界的造物主，事实上，连非理性动物也显得比他有更强的视觉能力。最后，他总算认出天使挡在他的路上，不是因为他配看见这样的异象，而是为了叫他意识到自己的卑微和毫无价值，于是他开始祷告和恳求，祈求宽恕因无知而不是故意犯下的错误。然而即使在那时，他毫无疑问应当返回的时候，他却问幽灵是否应当收回脚步回家。天使意识到这是出于他的虚伪，不然，如此显而易见的事，其本身就为自己提供了证明，根本无须语言给予确认的事，他为何还要问，似乎耳听的比眼见的更可信，语言比事实更可靠？于是他不悦地回答说："继续赶你的路吧。你想赶紧，但这意愿与你无益。我要提示必须说的话，不管你心里是否同意，并按公正和便利的需要指导你的说话器官。我要操纵你的说话权，尽管你不明白，还要使用你的舌头说预言。"

50. 当国王听到他已经近在咫尺，就带着护卫前来迎接。刚见面时自然是友好的问候，接着就有一些话指责他的迟缓，没有尽快到来。然后举行豪华的酒席、奢侈的宴会，以及其他种种通常的款待客人的方式，由于国王有特定的目的，这些招待一次比一次奢华，一场比一场壮观。第二天黎明，巴勒把先知带到一座山上，那里恰好造有一根纪念某个神的柱子①，是当地人崇拜之处。从那里可以看到部分希伯来人的营地，他像一个岗哨在他的塔里指示给巫师看。他看了之后说："王啊，请你在这里筑七座坛，每座坛上献一只公牛和公羊；我要走到一边去，求问耶和华要说的话。"他走到外边，立即就被灵充满，真正有先知的灵临到他，完全赶走了他心里的巫术伎俩。因为术师的伎俩和至圣者的默示是不可能一起的。然后，他回来，看到祭物和燃烧的坛，说出以下神谕，就像是在复述别人放在他口里的话。"巴勒从美索不达米亚来召我，把我从遥远的东方请来，是要借我的诅咒报复希伯来人。但是，神没有诅咒的，我焉能诅咒？我从高峰用眼睛看他们，用心灵领会他们。这是独居的民，不列在万民之中。这样的民，我怎能伤害？他们之所以如此，不是因为他们的居所是分立的，他们的地土在其他人之外，而是因为他们有独特的习俗，他们不会离弃祖先的方式与其他人混同。谁曾明确地发现他们的繁衍最初是怎样撒播的？他们的身体出于人的种子，但他们的灵魂是从神圣种子里发芽的，因而他们的血缘与神相近。愿我的灵魂向身体的生命死了②，好叫它列为义人的灵魂，甚至列到这些人的灵魂之中。"

51. 巴勒听到这些话，内心大为痛苦，说话者一停下来，他再也克制不住情绪，大声叫喊说："你不害羞吗？召你来是诅咒敌人，你却为他们祷告？看来我是在不知不觉中欺骗自己，竟把你当做朋友，你原本就秘密地站在敌人一边，现在已经真相大白。难怪你迟迟不来这里，原来你对他们秘密地怀着依恋之情，厌恶我和我的百姓。正如老话所说，确定

---

① 七十子希腊译本为："巴力的柱子"，英译本为："巴力的高处"，见《民数记》22：41。

② 英译本为："我愿如义人之死而死，我愿如义人之终而终。"斐洛的意思很可能是说，义人的灵魂不可能在通常的意义上死。

的东西证明了不确定的东西。"另一个刚从着迷状态解脱出来，回答说："这是对我完全不公正的指责和诽谤，因为我所说的，没有一句是出于我自愿的，全是神激发的，我说的这话或者你现在听到的话，我不是第一次说，我以前也说过，就是你派使节来的时候，我也是这样回复他们的。"但是巴勒王心想，换个地方或许能骗过术师，或者能感动神，使他放弃坚定的目标，于是就领他到另一处，从一个极高的山头向术师指明敌方的一部分人。然后他又筑起七座坛，像以前一样献上同样数量的祭品，然后叫他走开，从飞鸟或声音中去找好兆头。① 在这种独处之中，他突然被灵控制，他的理性可以说游离在外，于是他又在茫然无知中说出放在他口中的预言②："王啊，你起来听，侧耳听我言。神非人，必不致说谎，也非人子，必不致后悔，说过的话，绝不会不照着行。凡是不能笃定施行的，他必不会说，因为他的话语就是他的行为。至于我，我奉命是祝福的，不是诅咒的。希伯来人中必不会有困惑和劳苦，他们的神就是他们的盾牌，叫众人都看见，他还将临到埃及的可怕灾祸赶离他们身边，养育如此人数众多的人如同养育一人。因而，他们对预兆和一切占卜学问毫不在意，因为他们信靠一位，就是世界的首领。我看见这百姓起来仿佛狮仔，雀跃好像公狮。他必吃野食，必喝被伤者之血，当他吃饱喝足，就不会昏睡，而要时刻惊醒，唱胜利者之歌。"

52. 看到预言者的能力竟是如此出乎意料地对自己不利，巴勒大为恼怒，说："小子，不要诅咒，也不要祝福，不招惹危险的沉默好过令人不快的话语。"说了这话之后，他似乎忘了刚刚说过的话，做出与自己的论断不一致的行为，又领着预言者转到另一处，向他显明希伯来人的一部分，恳求他诅咒他们。这里，预言者的表现甚至比王更恶劣，因为他虽然回答对他的指责时有完全真实的辩解理由，即他所说的无一出

---

① 《民数记》里巴兰去"迎见耶和华"，但关于这里所描述的他的目标，可以从《民数记》24：1得到证实："巴兰……不像前两次去求法术。"

② 这个表述很奇怪。我们以为是"回来说"，如《民数记》23：17那样。

于他自己，全是受灵启示传讲另一位的话，因而就当拒绝跟从王，马上回家去，他却不是这样，甚至比引路者更欣然地奋力向前行。之所以如此，部分原因是他被最大的恶即自负支配，还有部分原因是他尽管受到阻拦，口里发不出诅咒，但内心里仍然渴望这样做。到了一座比前面到过的几座更高也更大的山之后，他命令建造七座坛，献上同样的祭，取来十四头公牛和公羊，每座坛一公一母。但他本人没有如所预料的那样，出去从飞鸟或声音寻找兆头，因为他已经对自己的技艺产生了极大的轻视，觉得它的快乐推测的能力已经丧失了全部光芒，就像一幅画经年累月之后褪色了。此外，他最终认识到，雇用他的王的目的与神的旨意是相悖的。所以，他面向旷野，看见希伯来人照着支派扎营居住，对他们的数量和秩序大为惊异，那简直就是一个城，而不只是一个营，于是在被灵充满之下，说出以下话语："真正看见的人，就是在昏睡中以不闭合的心眼看见神清晰异象的人，如此说。你们这众多的希伯来人啊，你们的居所是何等华美！你们的帐篷像成荫的幽谷，如河旁的园子，如水边的香柏木。有一天要从你们出来一个人，他要统治万邦，他的国必日益扩展，必被大大振兴。① 这百姓在出埃及的整个行程中，始终有神作向导，神领着众人成一个纵队。② 因而，他要吞吃许多敌国，取尽它们的油，直到次日，用他射程极远的弩箭毁灭仇敌。他蹲如公狮，卧如幼狮，藐视一切，无所畏惧，倒使其他一切畏他三分。凡激怒他招惹他的有祸了。凡给你祝福的，愿他蒙福；凡诅咒你的，愿他受诅咒。"

53. 王大为恼怒，说："我召你来为我诅咒仇敌，你倒三次为他们祝福。快快滚回去吧，忿怒之情是猛烈的，免得我控制不住，对你造成

---

① 七十子希腊译本："神的国必要振兴（英译本：他的王必超过亚甲），他的国必要扩展。"

② 斐洛显然是在解释《民数记》24：8 "他似乎有麒麟的荣耀"。（英译本"野牛之力"）这种错误很奇怪，因为这个词在七十子希腊译本里不时出现，甚至在摩西五经（《申命记》33：17）里也有。

伤害。最愚蠢的人哪，你的疯狂使自己失去了多大的一笔财富和礼物，多大的名誉和荣耀。你要从客地回到自己的本地，手上却没有任何财物，唯有谴责和深深的耻辱，如所有人都可以看见的，带回的唯有对你原本引以为豪的学问的讥笑。"① 另一个回答说："前面所说的话，全是从上界来的神谕。而现在我要说的是出于我自己意图的建议。"于是他拉住他的右手，机密地告诉他用什么样的方式有可能保卫自己，抵挡敌人的军队。由此他证实了自己是个极其不敬的人，我们完全可以质问他："你为何提出与神的神谕完全相反的个人建议？那意味着认为你的方案比神圣话语更强有力。"

54. 那就让我们来检查一下他的这些精心指令，看看它们怎样谋划挑战始终有得胜权能的真理，企图获得笃定无疑的胜利。他的建议是这样的。他知道能够摧毁希伯来人的一种方法是悖逆，他开始亲自引领他们通过放肆和淫荡走向不敬，通过大罪走向更大的罪，并且把享乐的诱饵放在他们面前。"大王，你国里有奇美的女子，"他说，"没有什么比女人的美更能捕获男人的。你只要允许最美的女人去卖淫，她们必网罗仇敌中的年轻人。但你必须告诫她们，要欲擒故纵，不可让她们的求爱者马上得到她们的美貌。因为卖弄风情具有挑逗作用，能使欲求者的渴望炽烈，使他们的情欲燃烧。一旦他们被情欲控制，就没有什么他们不敢做或不能忍受的。所以，当求爱者处于这种状态时，那些意在收捕猎物的人中的一个就用一种妩媚的声调说：'你若不抛弃你祖先的方式，改变信仰，敬我所敬的事物，就不可能得到我的爱。你只要愿意参加我们向石像、木像和其他偶像献上的奠酒和祭献仪式，就表明你的归信是真诚的。'这求爱者被她的博学、美貌、甜言蜜语的引诱迷住，不会对她说不，相反，由于他的理性被捆住，无法施展，他必唯她的命令是从，陷自己于可悲的境地，沦落为情欲的奴隶"。

---

① 自此至第 54 节末基于《民数记》31：16，经文把以色列的罪归于巴兰计谋。

55. 这就是他的忠告。国王认为这建议很好，不顾律法反对通奸，公然废除那些禁止引诱和奸淫的条款，似乎它们从未颁布过，允许女子毫无限制地与她们愿意的人交往。她们得了这种豁免权之后，大大地误导了多少年轻人的心灵，用她们的伎俩使他们离弃敬虔，转向不敬，不久就征服了他们。这样的情形一直持续，直到非尼哈（Phinehas），就是大祭司的儿子，对所见到的情景大为愤怒，想到自己的百姓在放纵身体享乐的同时，灵魂也变得不受约束、毫无信心，就感到可怕，于是这位年轻人就表现出英勇气概，这是与具有真正美德的人相符的。他看见一个族人在拜偶像、招妓女时，不是把头低下，一直低到地上，也不是像通常那样，偷偷地进去，免得有人看见，而是堂而皇之、毫无廉耻地让他的淫荡招摇过市，还引以为豪，似乎他的行为是要得荣耀，而不是招耻笑①，不禁充满了痛苦和义愤，于是当他们还躺在一起时就攻击他们，杀死这对奸夫淫妇，还把她生育的部位刺透，因为它原是用来接受非法种子的。那些热心于自制和敬虔的人中，有一些看到这种做法，就在摩西的吩咐下，效仿它，把朋友和亲属中凡参加这些由人手所造的偶像崇拜仪式的，全部杀死。由此洁净了全民中的污秽，对真正的罪人给予严厉惩罚，其他有清晰证据表明其敬虔的人，则不予伤害。对确实有血缘关系的人，也毫不手软，也不出于怜悯宽恕他们的罪行，反倒认为杀死他们的人是无罪的。因而，他们把复仇的行为保守在自己手上，在真正意义上，执行这种行为的人是值得赞美的。我们读到，一天之内就灭了两万四千人。同时，随着他们一同消灭的，是玷污了整个民众的共同污秽。② 彻底洁净之后，摩西想着怎样奖赏大祭司的儿子，这个首先

---

① 参见《民数记》25：6 "在摩西和全会众面前"。

② 斐洛认为《民数记》25：8、9 的 "瘟疫" 不是指神降下的灾祸，而是指对罪人的屠杀。这一解释若是错的，那这错误并非不同寻常。不仅这里的 "瘟疫" 出现得非常突兀，很可能遗漏了什么东西，而且在第 18 节 "pepleguia" 指被杀死的妇人的这个词与 "plege" 连用（亦参见《民数记》20：14、15），其本身也有助于理解他的这种解释。

冲出来保卫民族的人，才与他的英勇行为相配。不过，神先于摩西给他奖赏，他有声音赐给非尼哈最高的祝福，即平安之福——没有哪个人能给予这样的恩赐——除了平安之外，还将永远担任祭司的职责，这是给他本人和他的整个家族的产业，没有人能从他们那夺去。①

56.② 至此，他们内在的困窘已经完全消除，而且，凡是有变节叛逆嫌疑的人，都已消灭，看起来，时机成熟，该向巴勒开战了，因为此人不仅策划而且实施了如此大规模的祸害。在策划上，他得到占卜家的帮助，他原本指望后者能用诅咒毁灭希伯来人的力量；在实施上，他靠女人的淫乱和放荡做工具，使她们的情夫堕落：靠淫欲使他们的身体堕落，靠不敬使他们的灵魂堕落。不过，摩西认为最好不必动用整个军队，知道人数过多、队伍庞大会显得笨拙，反而容易受挫；同时，他想到有预备队补充先锋队有一定好处。于是他挑选了青壮年中的佼佼者，每个支派一千人，十二个支派就是一万二千人，指定非尼哈为总指挥，因为他已经证明自己具备那一职位的英勇气概。献祭求一切顺利之后，他就派遣军队出发，用以下这番话鼓励他们："你们面前的争战不是为了获得领土，不是占有别的财富，那是其他战争的唯一或主要的目标，而这次是为了捍卫敬虔和圣洁，因为我们的亲人和朋友在敌人的阴谋下偏离了这些事物，这些敌人以迂回的手段使受害者悲惨地毁灭。所以，我们既亲手杀死了那些违背律法的人，若宽恕犯下更大罪恶的敌人，那岂不荒唐；我们既治死那些学会如何作恶的人，若是放过强迫他们学习的老师，并为他们所行的或所受的一切负责的人，那岂不荒谬。"

57. 在这些话的鼓励之下，他们灵魂中与生俱来的英勇使他们热血沸腾；他们走向战场，以不屈不挠的斗志去争取笃定的胜利，在争战中表现出如此强大无比，英勇无畏，以至于大量宰杀了敌人之后，自己毫

---

①　对非尼哈的奖赏，一直是从比喻意义上加以解释的，《论醉酒》75 f.，《论该隐的后裔与放逐》183 f.，《论变乱口音》第 57 章。

②　此节至第 59 节见《民数记》第 31 章。

发未损地凯旋，没有人牺牲，甚至没有人受伤。说实在的，人若不知道事实，看到他们之后，不会想到他们是从战争或扎营的战场上归来，而以为是从军事演习和练兵表演归来。这些活动在和平时期常有，目的是训练和操练，在朋友之间进行对抗训练。他们进而彻底毁坏或焚烧城池，以至于没有人能说这些地方曾有人居住过。在成功对付了数不胜数的囚犯之后，他们觉得应当处死男人和女人，处死前者是因为这些邪恶的计划和行为是由他们发起的，处死女人是因为她们蛊惑年轻的希伯来人，引诱他们陷入淫荡、不敬，最终导致他们死亡；但对年幼的男孩，还有少女，他们显出怜悯，幼小的年龄使孩子们获救。

他们从王宫和私人家中搜得了大量战利品，也从乡村宅地掳得大量财物，城邑里能获多少，地产上也照样能得多少，然后他们装载着从敌人所得的财物回到营地。摩西称赞了总指挥非尼哈和战士们的功绩，也称赞他们不是为得奖赏而冲锋陷阵，也没有想只为自己抢夺战利品，而是把它放入共同财产中，使那些留在后方帐篷里的人也有自己的份。不过，他下令，要他们待在营外数天，大祭司要给联军的成员，那些真正参战归来的人施洁净礼，从流血中得洁净。虽然宰杀敌人是合法的，但即使杀人是正当的，是出于自卫，是迫不得已，鉴于人类最初的共同血缘关系，杀人者也当符合某些原理。因而，洁净礼对杀人者是必不可少的，它宣布他们脱离了被认为是污秽的东西。

58. 一会儿之后，他开始分配所掳之物，一半分给出征者——与没有参战的人相比，这部分人的人数很小——另一半分给留在营地的人。他认为分给他们一份奖赏是合理的，因为尽管他们的身体没有参与争战，至少他们的心参与了。其实，预留部队的情绪并不比实际参战者低，只是因为第一线有人占据了，他们才站在第二线。这样，数量少的部分人分得较多的财物，因为他们冲在危险的前方，而人数多的部分分得较少，因为他们留在后方。既然如此，他认为所有人都必须把战利品的初果献出来。后方的献出百分之二，前方的献出百分之五。他命令把后者的贡物交给大祭司，前者的贡物交给在殿里侍奉的仆人，就是利未人。但百夫长和千夫长，以及其他率领小分队的队长，都自愿奉献特殊的初果，感谢他们自己及战友的安全，感谢没有语言能够描绘其荣耀的胜利。这些贡物全是黄金饰物，每一个都是从所掳之物分得的，还有非常昂贵的器皿，也是金制的；摩西都拿了，并尊重奉献者的敬虔，把它们贮存在神圣会幕里，纪念他们的感恩。这种分配初果的制度实在是令人敬佩的。非战人员虽未行动，但其热心已经表现出几分美德，所以他把他们的贡物分给殿里侍奉的仆人；参战人员把身心都投入激烈的战场，因而表现出完全的男子汉气概，他把他们的贡物交给大祭司，就是掌管殿里仆从的人；各分队队长的贡物，作为各队长的举祭，交给总队长，甚至神。

59.① 所有这些开战、得胜的仗都是在约旦河这边（外边）打的，没有过到河那边（里边）去，是针对河外边富裕的居民、土壤肥沃的国家打的，这个国家有大量广阔的平原，适合生长麦子，为牲畜提供优质草料。当两个放牧支派，也即整个民族的第六部分，视察了这地之后，就恳求摩西让他们从这里得份，并立即定居在此；因为他们说，这地非常适合放牧，喂养牲畜，还有充足的水源，肥美的草地，生长大量嫩草，适合养羊。然而，摩西考虑到他们不是在分配时主张拥有优先权，没有相配的功绩就邀功求赏，就是在等候他们的争战面前缩头缩脑，须知，还有很多王正对他们虎视眈眈，他们的财产位于河的里边。所以，摩西大为生气，带着怒火回答他们说："那么，你们是准备在这里定居，享受不配的悠闲和懒怠，而让你们的同胞和朋友去经历仍然存在的战争痛苦？难道奖赏该单单赐给你们，何况胜利还未完全，而让其他人去面对前边路上的种种争战、劳苦、患难以及极大的危险？不仅如此，你们收获平安及其祝福，而别人在战争和无数灾祸中挣扎，这是不

---

① 此节至本卷末见《民数记》第 32 章。

公平的；难道整体只是部分的附属物？恰恰相反，正是基于整体的功绩，部分才配得自己的份。你们享有与我们同等的权利，同一个种族，同样的先祖，同一个家族，同样的习俗，同样的律法，以及其他数不胜数的事，每一点都加强血缘关系的纽带，促进友好亲切的感情。既然你们一直被断定在最大、最重要的问题上享有同等的份，那你们为何在分配上要求不公平的优先选择，带着君王对臣民、主人对仆人所显示的那种傲慢？你们实在应当从别人所遭受的打击中接受教训；聪明的人不会等着灾难降临到头上。事实上，你们自己的亲属为你们提供了警告的典范，因为你们的先祖中窥探这地的，那些与他们一样灰心丧胆的，全都灭了，唯有两人除外；你们原本不可让自己的名与这些人相连，但你们如此愚蠢，竟然学他们的胆怯，忘了这必使你们更容易被人追捕。你们扰乱那些全心追求刚毅的人的决心，麻痹他们的精神，使他们丧失勇气。因而，你们若速速犯罪，就必速速受罚[①]；公正总是迟迟不行动，这是它的特点，但它一旦启动，就追上并抓住亡命之徒。当所有的敌人全都歼灭，不再有战争等着我们；当所有联盟者在仔细审查下表明没有离职，没有叛逃，没有任何其他导致失败的行为，而证明他们的身心自始至终都是坚定不移的；当最终整个国家清除了原有居民，到那时，对英勇的奖赏和回报必按平等的条件赐给各支派。”

60. 这两支派温顺地听着这样的告诫，就像亲生儿子聆听非常慈爱的父亲讲话。因为他们知道，他说话时并不因为有长官的权威就带着傲慢，而是出于对他们所有人的关怀，出于对公正和平等的尊敬，而且，他对恶的憎恨绝不意在指责，而常常是为了使那些能够提高的人变得更良善。“你若是产生这样的想法，认为我们渴望离开联盟，时候未到就急于拿自己的份，那么你自然会义愤填膺。”他们回答说：“但是你必

---

① 这一思想出于第 23 节。七十子希腊译本：“当恶追上你们时，你们必知道自己的罪。”英译本：“要知道你们的罪必追上你们。”

须清楚地明白，任何形式的富有美德的行为，不论多么艰苦，都不可能使我们害怕后退。凭着良善行为，我们明白我们应当顺服你，因你确是伟大的领袖，面对任何危险也绝不退缩，在将来的任何战役中尽我们的职责，直到到达幸福的顶点。因而，我们必如以往一样，担当我们的职位，全副武装地跨过约旦河，不给我们的兵士任何借口留在后面；但我们尚未成年的儿子，我们的女儿、妻子，以及我们的大量牲畜，你若允许，希望能留下来，我们先为女人、孩子建起房子，为牲畜造好畜棚，否则，他们处在没有防御、没有保护的处境，我们还未回来，就可能遭遇袭击，受难被掳。"

摩西的脸色变得柔和，回答他们时口气也更加温和，他说："如果你们的话当真，你们所求的份必为你们存留。留下你们的女人、孩子和牲口，如你们所要求的，然后你们自己跨过约旦河与其他人同在军营，全副武装，整队备战，只要需要，马上投入战斗。以后，当所有的敌人都歼灭，和平已经建立，得胜者要分地时，你们必回到你们的人中间，享有成为你们之份的美好事物，收获你们所选择的那地长出的果实。"当他们从他的嘴里听到这些应许，立即充满了喜悦和勇气。他们把百姓和牲口安置在有严密保护措施的地方，大部分是人工建筑起来的防御工程，防止敌人来袭。然后，他们拿起兵器，比其他同盟者更热切地冲向战场，似乎唯有他们向敌人开战，或者至少是最先投入战斗的。因为预先接受恩赐会使人更加乐意支持自己的同伴。他觉得自己不是一个白白接受恩赐的人，总要回报，偿还不能逃避的债务。

至此，我们讲述了摩西作为王的种种行为。接下来我们必须讨论他依靠着大祭司和立法者的权能所取得的一切功绩，他拥有的这两种权能与他的王权匹配得天衣无缝。

第 二 卷

1. 前一卷讨论了摩西的出生和成长，以及他作为一个首领的教育和经历。在这一角色上，他的行为不只是无可指责的，而且是大可赞美的；此外还讨论了他在埃及和出埃及的行程中所做的工，包括在红海和在旷野——那是没有语言能够恰如其分地描述的工；另外，论到他如何成功战胜各种困难，最后论到他把部分地区分给战友。本卷则关注与这些事相关联并随之发生的事。有人说过，唯有当国王同时是哲学家，或者由哲学家来当国王时，城邦才能促进人的福祉①，这话并非毫无道理。而摩西，我们将看到，不仅体现了，而且在他自己一个人身上结合了这两种能力——作为王的能力和作为哲学家的能力；不仅结合了这两种能力，还结合了另外三种能力，其一是立法者的能力，其二是大祭司的能力，其三是说预言的能力。我之所以决定要写这三种能力，乃是因为深信它们结合在同一个人身上是完全恰当的。摩西依靠神的眷顾，成为王、立法者、大祭司和先知；并在每一种职责上赢得了最高位置。当然，它们全都结合在同一个人身上为何就是恰当的，这一点需要解释。王的职责是下令行正当之事，禁止行不当之事。而命令做该做的事，禁止做不该做的事，这正是律法独有的功能；所以立即可以推论出，王是

---

① 柏拉图《理想国》第 5 章 473D。

活的律法，律法就是公正的王。① 另外，王和立法者应当不只是囊括人事，还应当将圣事纳入他的范围之内，因为没有神的引导和眷顾，国王和臣民不可能行事正当。因此他需要大祭司之职，有了侍奉神的完全仪式和完全知识的保障，他就可以祈求垂听他祷告的仁慈的存在，让他和那些他所统治的臣民能够防止邪恶，分有良善。可以肯定，神必让祷告得以成全，因为他是本性良善的神，相信那些真正侍奉他的，就是配得他特殊恩惠的。

然而，这位王、立法者、大祭司，虽然拥有如此丰盛的天赐财富，毕竟只是个必死的受造物，无数的事物，包括属人的和属神的，都包裹在晦暗不明之中，所以摩西还必须获得说预言的能力，这样，依靠神的意，他就能够洞悉凭着理性无法领会的事。因为预言就是找到通向心灵无法企及之事的道路。这四种能力的联合是美妙而完全和谐的，它们彼此联结，相互依靠，步调一致，互惠互利，就像美惠三姐妹，有一个永恒的自然法使她们珠联璧合，不可分离。关于这些能力，完全可以用论到美德时常说的话来说：有了一个，就有了全部。②

2. 首先，我们要谈谈立法者的心灵条件。我当然知道，人想要获得作为一个立法者的德性，就必须全备地拥有一切美德。但是，正如在家族里，虽然彼此同族，但有些与家庭的关系非常亲近，有些比较疏远，只是偶有联系；同样，我们必须假设，某些美德与某些情形联系更紧密，有些则较为疏远。立法能力尤其与以下四种美德为兄弟和亲密家人：爱人类、爱公正、爱美善、恨邪恶。这四种美德每一个都有勉励的信息给有立法之热心的人。爱人类，他就必须为公共利益、共同福祉谋划；公正就要求尊重平等，让每个人得到应得之份；爱美善就要赞成本性卓越的事物，毫无保留地把它们供给相配的人，让他们充分使用；恨

---

① 参见《论亚伯拉罕》5 及注。
② 参见第欧根尼·拉尔修 VII. 125。

邪恶就是要弃绝使美德蒙羞的人，视他们为人类的共同敌人厌恶之。人即便只得到其中之一，就不是小事一桩了，何况能够全部拥有它们，岂不是一大奇事。显然唯有摩西全部得到了这些美德，在他制定的法令中清晰体现了以上所说的这些美德。凡读过圣书的人就清楚地知道，他若不是我们所说的这样的人，就不可能在神的指导下把铭刻在灵魂里的范型的样式和副本编写出来，就如我们现在从这些书卷里读到的律法，传给那些配使用的人使用，成为他们最宝贵的财富，这岂不是异常清楚地显明了以上所说的美德。

3. 摩西本人是所有国家的所有立法者中最出色的，事实上比迄今为止出现在所有人——无论是希腊人，还是野蛮人——中的任何立法者更杰出。他的律法是最好的，是真正出于神的，因为它们没有忽略任何必需的东西。这一点可以从以下证据中非常清楚地看出。人只要仔细考察一下其他民族的制度，就会发现，出于各种各样的原因，它们一直是不稳定的，比如战争、暴政，或者其他种种不幸，时运的变动导致它们无法保持稳定。还有奢侈，由于奢侈品的过量供应而愈演愈烈的过度往往也会扰乱律法；因为民众无法承受"过量的财物"[①]，变得放纵，导致暴力；而暴力是律法的敌人。唯有摩西的律法例外，他的律法坚固、不可动摇、不会变动，可以说，印有大自然本身的印记，从最初颁布之日起，直至今天始终保持不变，我们完全可以指望，在将来的世代里它们必仍然保持不变，似乎是永恒的，只要太阳、月亮、天空和宇宙存在，它们就存在。因而，尽管这个民族经历了如此多的变迁，既有不断增加的繁华，也有相反方向的变化，但整个法令，哪怕是最微小的部分，也没有受到一点扰乱，因为所有人都显然对它们庄严而神圣的特点非常尊重。无论是饥荒、瘟疫、战争，是国王、暴君，是灵魂、身体、情欲、淫邪的反叛和攻击，还是其他任何邪恶，包括神降下的

---

① 参见 De Abr. 134 及注。

和人制造的，所有这一切都不能废除的，就必然是宝贵异常、为语言所无法描述的。

4. 律法在时间长河中始终受到安全保护，这本身虽然也可以认为是一件伟大的事，但我们并未触及真正的奇事。还有更为令人惊奇的事，甚至是这样的事：不仅犹太人，而且几乎所有其他民族，尤其是那些更重视美德的民族，都已经变得极其圣洁，能够重视并荣耀我们的律法。在这一点上，我们的律法获得了某种独特的声望，是任何其他法典所没有的。以下就是证据。纵观整个希腊人和野蛮人的世界，事实上没有哪个国家是尊敬别国的制度的。其实，就是他们自己的制度，也很难说能永久地保守，因为他们制定律法只是为了应付时事和环境的变迁。雅典人拒斥古代斯巴达人的习俗和制度，反过来，古斯巴达人也拒斥雅典人的；在野蛮人的世界里，埃及人不会遵守叙利亚人的法律，叙利亚人也不会维护埃及人的法律；推而广之，欧洲人不会遵守亚洲人的法律，亚洲人也不会遵守欧洲人的法律。我们完全可以说，从东到西，每个国家、民族、政府，都厌恶外国的制度，认为对别国的制度表现出不尊重，就会提高对自己国家的制度的尊重程度。唯有我们的制度不是这样。它们吸引并赢得了所有人的注意，无论是野蛮人，希腊人，住在大陆的人，是住在岛上的人，东方的人，西方的人，欧洲的人，还是亚洲的人，等等，总之，包括整个人类世界。

试想，谁不曾对那神圣的第七日表现出高度尊敬，放下劳作，让自己休息，也让别人放松，自由人如此，奴仆也同样如此，甚至他的家畜也是？这个假日还惠及每种药草，甚至为辅助人而造的一切造物，它们就像仆人侍奉其本性上的主人。这日子同样也涉及每种果树和植物，因为这日不可剪除任何嫩芽和枝条，甚至树叶，也不可采摘任何果子。在那日，所有这些都被规定是自由的，并且根据普遍法令，谁也不可触摸它们，所以可以说，它们生活在自主之中。

再者，谁不年复一年地对《圣经》上所说的禁食①表现出敬畏和尊敬？这节日比希腊人的"圣月"② 更为严格，更为庄重。因为在后者，大量美酒，尽情畅饮，毫无节制，大量美食，奢华陈列，各种各样吃喝的东西，大量供应，由此加强肚腹贪得无厌的享乐，并进而引起肚腹之下的欲望的爆发。而在我们的禁食节上，人们不吃不喝，保持心灵清洁，不受任何情欲的困扰和束缚，（过分饱足才会生出这些情欲）以清心守这圣日，以相应的祷告求万物之父息怒，在祷告中常常请求赦免旧罪，得享新福。

5. 我们法律的圣洁始终是奇迹之源。不仅对犹太人如此，对所有其他民族莫不如此。这一点既可以从已经提到的事实中知道，也可以从我接下来要陈述的事实中显明。古代律法用迦勒底语言（闪语）书写，许多年一直保持那样的形式，没有任何语言上的变化，只要它们还未将自身的美向其他人显明，就保持原状。然而，随着时间的流逝，完整有序的常规习俗被那些遵行者传播到其他人中间，为世人所知，它们的名声开始传向四面八方。美好的事物，即使由于嫉妒，暂时被乌云遮住，只要时机一到，在自然条件的有利运作之下，必重新闪耀光芒。当时，有这样一些人，他们认为律法只存在于人类的一半人口，即野蛮人中，而完全在希腊人之外，是一种羞耻，所以想方设法要将它们翻译出来。鉴于这项任务的重要性和共益性，不能诉求于普通个人或一般官员，这样的人非常之多，而要诉求于国王，而且是声誉最高的国王。托勒密，别号斐拉德夫（Philadelphus），是继亚历山大之后第三位征服埃及的人。在成为一个好的统治者的所有品质上，他不仅高于同时代人，而且超过历史上兴起过的所有人；甚至到今天，经过了那么多世代之后，在许多城市和国家还留下表明他伟大心灵的不少纪念物，还吟唱他的赞

---

① 即赎罪日（the Day of Atonement）。关于"禁食"这个词，参见《使徒行传》27：9。
② 或者"圣季"。

歌，甚至把特别宽宏慷慨的行为，或者规模特别宏大的建造物，按众所周知的方式以他的名字命名，称为斐拉德费亚（Philadelphian）。简言之，整个托勒密家族比其他所有王朝更加显赫，更有名望，而斐拉德夫又是整个托勒密家族中最出类拔萃的一位。这个托勒密一人所取得的可赞美的成就，几乎比其他托勒密加起来的总和还要多，所以，正如头位于身体的最高位置，可以说，他就是诸王的头。

6. 这位伟人，对我们的律法产生了热情，决定将迦勒底语翻译成希腊语，同时派出使节去见犹太的大祭司和王，这两个职位由同一个人担当，向大祭司解释他的愿望，并敦促他按功德挑选人将完整的律法书译成希腊语。大祭司自然非常高兴，心想这必是神的引导和眷顾使王本人来从事这一任务，于是就挑选出具有最高声誉的希伯来人，除了与生俱来的天赋之外，还受过希腊教育，高兴地把他们派到托勒密那里。他们到达之后，受到盛情款待，为答谢款待者的招待，他们报以一场充满智慧和分量的语言盛宴。因为他提出新问题，而不是老问题叫大家讨论，以考验各人的智慧，他们就以格言警句的形式，因为当时的情形不允许作长篇大论的回答，对所有难题作出了恰当而富有针对性的回答。

经过了这次考验之后，他们马上开始履行崇高的使命。考虑到要翻译神的声音赐给的全部律法，是件多么伟大的事，不能增添、减少，也不能改变任何东西，必须原原本本地保持原状，他们就开始在城外附近寻找极为开阔而空旷的地点。因为在城里，充满了形形色色的人和各种各样的动物，结果，不时流行各种疾病，不断传来各种死讯，健康居民也有种种不洁行为，这使他们心神不定，心生疑惑。在亚历山大里亚（Alexandria）的前方就是法罗斯（Pharos）岛，有一条狭窄的陆地伸到城边，与之相连，岛四周的海水不深，通常有许多连在一起的沙洲，所以汹涌的波涛震耳的喧哗和轰鸣声经过长距离的跋涉，到达岸边时已经很弱。他们认为这是这个地区最适合的地方，他们可以在此找到平安和宁静，心灵能够与律法亲密无间，没有人干扰他们的隐私，于是他们就把住处定在那里了。他们拿起圣书，把拿书的双手伸向天空，祈求神保佑他们的目标不至于落空。神垂听了他们的祷告，目的是使人类的更大部分，甚至整个人类能一直遵守如此智慧、真正受人尊敬的法规，从而受益，过上美好的生活。

7. 坐在这与世隔绝、人迹罕至的地方，唯有自然的各种元素，土、水、气、天，它们的起源是他们的神圣启示的第一主题，因为律法书第一个故事就是关于世界的受造，可以说，他们被灵充满了，并在圣灵感动之下书写，不是各自单独抄写不同的内容，而是一字不差地写下同样的内容，似乎有一个看不见的敦促者在向他们口授，叫各人听写。谁不知道，每一种语言，尤其是希腊语，词汇丰富，同一个意思可以用不同的形式来表述，比如改变个别单词和整个短语①，调整表达方式适合具体语境。但我们得知，我们的这部律法的情形却不是这样，使用的希腊词汇与迦勒底语（闪语）词汇严格地一一对应，完全适用于它们所指的事物。在我看来，正如在几何学和逻辑学里，所指示的含义不允许包含表达中的多样性，只能保持原初的样式不变，同样，非常清楚，这些作者也找到了一种与内容对应的措辞，并且唯有这种措辞，或者它比其他措辞更能清晰地表达出所指的意思。最清晰的一个证据是，如果迦勒底人学了希腊语，或者希腊人学了迦勒底语，然后来读两个版本，他们就会带着敬畏和尊敬视两者为姐妹，或者甚至认为完全一样，不论在内容上，还是在措辞上，而且论到作者时，不以为他们是译者，而认为他们是奥秘的先知和祭司，他们的真诚品质和思想上的一致性使他们能够以最纯洁的心，就是摩西的心，并肩工作。

因而，直至今天，还要每年在法罗斯岛上举行庆典和大集会，跨水去那里的人不仅有犹太人，还有大量其他人，既为了纪念这个地方，因为那一译本的光芒第一次是从那里闪耀出来的，也为了感谢神赐给如此

---

① 或者"或多或少的自由意译"。

古老又永远年轻的美好恩赐。而且，祷告和感谢祭之后，有些人把帐篷搭在海滩上，有些在露天里斜躺在沙滩上，与亲朋好友共庆，暂时把海滨看作比豪华城市里精美的大厦更宏伟的居所。由此可见，在众人的眼里，包括普通公民和统治者，律法显然是可敬的，尊贵的，尽管我们的民族并没有昌盛很多年。如果一个民族不兴旺，他们的财富在一定程度上就失宠，这是完全合乎情理的。但是，若能开辟新的开端走向更光明的前景，那我们该指望看见多大的变化，且是好的变化！我相信，若是那样，每个民族都会抛弃自己独有的方式，把祖传的习俗扔到船外，转而独尊我们的律法。因为只要它们的明亮光芒伴随着民族的繁荣昌盛，就必使其他光变暗，就像太阳升起，遮蔽星辰。

8. 以上所述已是对立法者的高度称赞，但还有比之更大的，包含在圣书本身里面，我们现在必须转向这些书卷，从而表明这位作者的伟大品质。它们由两部分组成，一部分是关于历史的，另一部分关于命令和禁令，这一部分我们放在后面讲，先按顺序详尽讨论前面部分的问题。历史这方面内容一部分讨论世界的受造，另一部分讨论具体的人物①，有对恶人的惩罚，有对义人的荣耀。现在我们必须说明他的律法书为何以历史作为起头，而把命令和禁令放在第二部分。他不像其他历史学家那样，认为自己的职责就是记下古人的事迹供子孙后代愉悦，却不提升故事所给予的乐趣；他记载了早期的历史，以宇宙的创造作为记载的开端，希望以此指明两件最重要的事：首先，世界的父和造物主在最真实的意义上也是世界的立法者，其次，凡遵守律法的，必喜乐地接受跟从自然、按宇宙之法令生活的职责，所以他的行为是与他的话语一致的，他的话语也与他的行为一致。

9. 而其他立法者可分为两类，一类一开始就规定什么该做，什么

---

① 族谱自然在摩西五经里担当重要角色，但"genealogikos"这个词若是按严格意义使用，完全不适合用来描述书中的历史部分，以区分创世故事。文法学校里显然是在宽泛的意义上使用，斐洛常常采用它们的语言。本译本给出的也是这种意义。

不该做，然后制定对违法者的惩罚条款；另一类认为自己高人一等，并不一开始就这样做，而是先按他们所理解的样式建立国家，然后制定法律，把他们认为与他们所建立的国家形式、最相配、最吻合的宪法附加给它。① 但摩西认为前一路子，即直接颁布法令，没有任何劝告的话，似乎法令的对象是奴隶，而不是自主的人，带有暴政和专制的味道，事实上它确实如此；第二类，虽然在构想上是合理的，但显然并不能使所有人满意，所以他在两方面上都采取了不同的路径。他在立诫命和禁令时，其实是在建议和告诫，而不是命令，他试图给出的大量必不可少的指令都伴随着前言后记，目的是劝诫，而不是强迫。再者，他认为一开始先记载人造城邑的建立，有损于律法的尊严，他以心眼的敏锐洞察力考察了整个法典的伟大和美丽，认为它实在太好太庄严，不能局限于任何属世的城墙内，所以他插入"伟大之城"起源的故事，认为这些律法是对世界政体的最忠实的描画。

10. 人只要仔细考察具体法令的性质，就会发现它们是为了达到宇宙的和谐，与永恒性原理相一致。因而，所有那些神当时认为应当赐下大量美好恩赐，使其物质生活富裕，财运亨通，其他外在之物充分完备的人，后来悖逆美德，任意而且故意地放纵自己，毫无约束，行无赖、不公正和其他种种恶事，以为争得了很多东西，其实却丧失了全部，这样的人，摩西告诉我们，就算为敌人，也不是人的敌人，而是整个天空和宇宙的敌人，要遭受惩罚，不是通常的惩罚，而是奇异的、前所未有的惩罚，出于公正的大能，邪恶的恨恶者，神的助理法官。因为宇宙中最强大有力的元素，火和水，落到他们头上，于是时代循环，历史重演，有的被洪水淹死，有的被大火烧死。诸海抬升水面，江河、春蓄冬涌的湍流，高高升起，泛滥全地，冲走所有城池和平原，而倾盆大雨不

---

① 主要自然是指柏拉图的《法律篇》和《理想国》。也许也暗示芝诺，据说他的"Politeia"是为反对柏拉图的作品而写的。亚里士多德的《政治学》几乎不适合这里的情形。

停地落下，日日夜夜无休止地倾倒，也同样淹没城池和高地。后来，当人类又从余数开始繁殖，并变得人口众多之后，由于这些后代并没有从其先祖的命运中吸取教训，在智慧上有所受益，同样致力于放荡行径，甚至急切地追求更加严重的恶行，所以，他决定用火毁灭他们。于是，神谕一出，闪电就从天空霹雳而下，灭了不敬的人和他们的城邑，一直到今天，在叙利亚还有这可怕灾祸的纪念物，废墟、灰烬、硫黄、烟尘，黑黝黝的火焰还在升腾，似乎大火还在里面阴燃。

当不敬的人在这些灾祸中受到惩罚之时，那些品德杰出、行为端正的人，则得到了其美德应得的奖赏。当带着火焰的霹雳打下来，灭了全地，以及地上的居民的时候，唯有一个人，一个侨居者，得到神的保护和眷顾的拯救，因为他显然对国中的种种恶行没有任何爱好，尽管作为侨民，为保护自己，通常会对主人的习俗表示尊重，知道若不尊重它们就必然受到原住民的威胁。当然，他并没有到达智慧的顶点，也不是因为他的本性完全，配得这一特权，而是因为唯有他没有与众人同流合污，不像他们那样偏离正道，陷入放荡生活，以大量物质供应为原料满足每一种享乐，每一种欲望，就如在一团火焰上堆积灌木丛。

11. 所以，我们读到，在大水中，几乎整个人类都灭绝了，唯有一家未受伤害，因为家里最长的成员，就是家长，不曾有意做过任何错事。他怎样得到保存的故事值得记载，这既是一大奇事，也是教化的教材。在神看来，他是一个适当人选，不仅应免除众人共同的命运，其本人也适合成为人类第二代的鼻祖，于是，神借神谕发出命令，他就建造了一个巨大的木房子，三百肘尺长，五十肘尺宽，三十肘尺高。房子里面，他在一层、二层、三层、四层设计了一整套房间。然后，装满供应品，引入地上和空中的每种造物，各一公一母，保存种子，以备将来更好的世代再次到来之用。因为他知道神的本性是仁慈宽厚的，虽然个体消灭了，类必得保存，不会灭亡，因为它与他本身相像，而且他已经立志创造的存在者，是永远不会使其归于无有的。

12. 于是，所有造物都顺服于他，原先野蛮的，现在也变得温顺，并在刚刚变成的驯服中跟从他，就像羊群跟从头羊。当它们全都进入方舟之后，纵览一下所有成员，我们完全会说，这是整个世界的完整缩影，包括所有生命造物的种类，是世界还未出现数不胜数的样品之前所拥有的，也可能是将来再次拥有的。他猜测的事不久之后就成为现实，因为困境缓解了，洪水的势头在日益减小，雨停了，淹没各地的水消退了，部分是在太阳热量的蒸发下，部分是下沉到河流底层，沉入地上的裂缝和其他洞穴里。似乎是出于神的命令，每种自然物，海、泉、河，都收回原先出借的必须归还的债；每条水流都沉入各自适当的地方。当尘世得了洁净，大地经过清洗重新露面，面目一新，我们可以设想，带着它最初与宇宙一同受造时具有的面貌，此时他和他妻子、儿子、儿媳，还有整个家族，都从木房子里出来，就像一群放牧的羊，各种原先聚集在方舟里的活物，现在开始生育繁衍各自的类。

这是对善人的报答和奖赏，不仅使他们自己和他们的家人获得安全，避开最大的危险，这些危险以自然元素的疯狂升腾为手段，凶恶地袭击全地每个角落；而且使他们成为再生代的领袖，第二次循环的开创者，作为生命的余烬重新点燃人类历史，这最高的生命形式，领受了主权，辖制地上的一切事物，天生具有神的权能的样式，神本性的形象，是无形体者可见的像，永恒者的受造者。

13. 至此，我们已经详尽叙述了摩西生平的两个方面，作为王和作为立法者。接下来我们要叙述第三方面，即关乎他的祭司职责。祭司所需要的最主要也是最重要的品质，就是敬虔，这种品质他已经践行到极高的程度，同时还利用他伟大的天赋。哲学在这些天赋里找到了肥沃的土壤，她还凭她在他眼前展现的可敬真理进一步提高这片土壤的厚度，她一直不停地工作，直到显现在语言和行为上的美德果子成熟、完全。由此他达到了爱神的高度，也成为神所爱的，如其他极少数人那样。一种从天而降的喜悦使他激动，他如此显著地荣耀万物之主，也反过来被他所荣耀。与贤人完全相称的一种荣耀就是侍奉真正所是的存在，而侍奉神始终是祭司的职责。这种特权，世上无物可比的恩福，赐给他，作为他应得的恩赐，还有神谕在一切与崇拜仪式和他执行的圣事有关的事上指示他。

14. 不过，他首先得洁净自己，身体上洁净，灵魂上也要洁净，不能有任何情欲的行为，洁净一切人性的需要，吃的，喝的，与女人的关系。这最后一项他早已鄙弃多日了，几乎从他被圣灵充满，开始从事先知工作之时起，就已经鄙弃，因为他认为应当始终使自己处于预备状态，随时准备领受神谕的信息。至于吃的和喝的，他连续四十天没有想到它们，无疑是因为他拥有更好的沉思之食，靠着这从天上降下的食粮的振奋，他获得越来越多的荣光，先是心灵上的，再是身体上的（通过灵魂），在两方面都变得如此强大和幸福，那些后来看见他的人简直不能相信自己的眼睛。因为我们读到，在神的吩咐下，他上到一座难以攀登、无路可走的山上，那一区域最高的也是最神圣的山，在上面停留了所说到的那段时间（即四十天），单纯的满足生存所需的东西，一样也没带。然后，在所说的四十天之后，他下山，脸上带着比上山前俊美得多的面容，所以那些看见他的人充满了敬畏和惊异，甚至他们的眼睛也不能持续盯着他身上发出的炫目的明亮的光，就像太阳的光芒似的。①

15. 当他还停在山上时，在有关他祭司职责的一切奥秘上得到指示：首先是关于那些排在前面的事，即圣所的建造和装饰。其实，倘若他们已经占据现正在移居的那地，必然会在最开阔、最引人注目的地方建起一座宏伟的殿，用珍贵的宝石作它的材料，砌起高大的墙环绕它，造大量房子给侍奉的人住，并把这地称为圣城。然而，因为他们仍然在旷野流浪，还没有定居点，所以建一个可移动的圣所比较适合他们，在

---

① 见《出埃及记》24：18，34：28以下。

他们赶路和扎营时可以在里面献祭，也可以从事他们的所有其他宗教活动，不缺乏居住在城里的人所有的一切。因而，就决定建造一个会幕，一个至圣的作品，关于它的结构，在山上时神圣声音已经向摩西说明。摩西用心眼看见将要建造的物质对象的非物质样式，这些样式必须根据感官所感受的样子复制成副本，可以说，不能脱离原初的草图，必须取自心灵所构想的范型。确实，由他这位真正的大祭司来负责圣所的建构，这是适合的，好叫他在履行圣职、主持仪式时完全与建筑物的构造吻合一致。

16. 所以，这位先知的心里印上了模型的形状，这是用非物质的、不可见的形式秘密地勾勒或塑造出来的原型；然后这位艺术家把印记烙在各种情形所需要的物质材料上，根据那样的形象造出具体的作品。①真实的结构是这样的。首先，由最牢固耐用的皂荚木做成四十八根柱子②，这木材要从最优良的树干上砍下来，做成的柱子要用一层很厚的金子包围，每一根柱子有两个银座支撑，把一个金制的柱头固定在顶上。然后，这位工匠拿其中四十根柱子立成两排，每排各一半，即二十根一排，两柱之间没有空隙，每根柱子彼此相连，一根挨着一根，看起来就是一面完整的墙，这就是建造物的长度。关于宽度，他把剩下的八根柱子竖在里面，六根在中央，两根分别立在中心两边的角上，一根在左，一根在右；再做四根放在入口，与其他柱子一样，只是它们只有一个底座，不像对面的柱子那样有两个底座。然后，在外面竖五根柱子，与其他柱子的不同之处在于它们的底座是黄铜。这样，帐幕里的全部柱子，除了两根在角上，视线难以企及的之外，其他总共五十五根，都是看得见的，五十五这个数字就是从一加到最完美的数字十的总和。但是，你若决定把立在他称为院子的露天空地的入口处的那五根排除在

外，就剩下最神圣的数字，五十是直角三角形三条边的平方之和，而直角三角形正是宇宙形成的最初的源头。① 这五十是把里面的柱子加起来的数字，即两边各二十加起来是四十，中间是六，留出两根隐藏在角落（不算），再加上对面支撑棚顶的四根。现在我要先说明把五加到五十上的理由，然后说明将两者分开的理由。五是感觉器官的数字，人类的感官一方面倾向于外在事物，另一方面也指向心灵，按自然律法说，它是心灵的侍女。因而他把边界的位置分给这五根柱子，在它们之内与它们相连的部分是帐幕的至圣所，比喻意义上代表心灵王国，在它们之外与露天空地和院子相连的部分，代表感觉。因而这五柱与其他柱子的底座不同，是黄铜所制。我们身上，心灵是感官的头和支配者，感觉感知的世界是末端，可以说，就是心灵的底座，他用金子代表心灵，用黄铜代表感觉对象。柱子的尺寸如下：高，十肘尺；宽，一肘尺半，这样，就使帐幕的每一部分看起来都相同。

17.② 他还在它周围布置色彩绚丽的华美织物，毫无限制地使用暗红色、紫色、朱红色和纯白色的材料纺织。因为他做了十幅幔子，如他在圣书里所说的，用刚刚提到的四种材料制造，长二十八肘，宽四肘。由此我们看到十这个最完全的数字，四这个包含十的本质的数字，二十八这个等于它各因数之和的完全的数字③，还有四十，最富生命的数字，如我们所知道的，它给予人在自然的实验室（母腹）里完全长成所需要的时间。④ 二十八肘的幔子分配如下：十肘沿着帐顶铺开，那就是帐幕的宽度，剩下的往两边挂下，盖住柱子，两边各九肘，与地面留一肘空间，因为这作品是如此宏伟，完全可视为神圣的，因而不可拖到

---

① 即 $50 = 3^2 + 4^2 + 5^2$，3、4、5 是最小的直角三角形的三条边长。在《论特殊的律法》II. 176 里对五十的价值有更为详尽的描述。

② 此节见《出埃及记》26：1—14。

③ 即 $1 + 2 + 4 + 7 + 14 = 28$。

④ 即四十周，或者约十个月被认为是妊娠期。

地上，沾染灰尘。十幅幔子加起来总宽四十肘，其中三十肘被帐幕本身的长度占用，它的长度就是三十肘，九肘被后院占用，剩下的一肘被入口的空间占用，这样团团围住形成完全密封的帐幕。入口处设有门帘。不过，在一定意义上，幔子就是帘子，不仅因为它们盖住帐顶和墙，还因为它们是由同样的材料：暗红色、紫色、朱红色和纯白色的线织成的。他所说的"罩棚"，也是用与帘子同样的材料织成的，被放在里面，围绕四根柱子，外面五根柱子也有"罩棚"环绕。这样，未被祝圣的人，对圣所甚至远远看一眼也不可能。

18. 在选择织物的材料时，他从大量可选取的材料中选出了四种，与构成世界的基本元素土、水、气、火的数目相等，还与那些元素有某种明确的关系：亚麻布或纯白色出于土，紫色出于水，暗红与空气相近，本质上黑的，而朱红类似火，两者都红得透亮。因为在构建人造的殿，献给大全之父和统治者时，他有必要选取类似于这位统治者造大全时所用的那些物质。

①会幕就按以上所述的方式将仿造圣殿造了出来。它的圣所包括一个长一百肘、宽五十肘的区域，每根柱子的间距是五肘，总间距就是六十肘，其中四十肘安排在长边，二十肘安排在宽边，两边的宽都是长的一半。柱子的材料是包银的皂荚木，所有的底座都是黄铜做的，高是五肘。因为这位大工匠认为应当把他称为院子的建筑物的高度减半，这样，帐幕的高度就是它的两倍，看起来更引人注目。五幅亚麻幔子就像帆一样挂在柱子上，长和宽都连起来，变成整幅，叫不洁净的人不能进入此地。

19. 计划是这样的。帐幕本身设在中间，三十肘长，十肘宽，包括柱子的厚度。从三个方面，即两边的长度和后面的空间，到院子边线的距离是一样的，等于二十肘。但在入口处，间距就要大得多，有五十

① 见《出埃及记》27：9—18。

肘，考虑到进来的人数众多，这样设置是合理的。这增加的部分使院子的长度为一百肘，二十肘后院，三十肘会幕，再加上入口处的五十肘。因为入口设在两个五十肘之间，如同分界线，东半边的五十肘是入口所在地，西半边的五十肘区域是会幕和它的后院。在院门的头上，建有另一个非常精美的大型入口，由四根柱子组成，每一根柱子上包着一幅彩色织物，与会幕里面的幔子织法一样，所用材料也一样。

用这些材料还制成一切圣洁的器具、约柜、灯台、桌子、香坛和燔祭坛。燔祭坛置于露天，与帐幕的门相对①，相隔的距离使侍奉者有足够的空间做日常祭献之工。

20. 约柜放在至圣所的禁地，在帘子里面。它的里层外层都包上精金，还用一个盖子盖住，圣书里称这盖子为施恩座。圣书上讲到这施恩座的长度和宽度，但没有提到高度，可见，它非常类似于几何学上的平面。在神学意义上，它显然象征神的恩赐权能；在属人的意义上，它代表高贵的心灵，这样的心灵感到有责任借助于知识压制并摧毁狂妄的自负，因为它出于对虚枉的爱，盲目得意，抬高自己，骄傲自大。约柜本身乃是律法的保险箱，它里面存放着所交付的神谕圣言。而盖子，就是所说的施恩座，用来支撑两个带羽翼的活物，希伯来语里称为基路伯，但我们应当把它们翻译为认知和完备的知识。② 有些人认为，由于它们的位置是面对面的，所以代表了两个半球，地之上的半球，和地之下的半球，因为整个天是有翅膀的。我本人却认为，它们在比喻意义上表示那自有永有者的两种最令人敬畏也是最高的能力，即创造的能力和做王的能力。他的创造力被称为神，因为他借着这种能力造出、安排并规范这个宇宙，而他作为王的能力被称为主，因为他用这种能力管理已经形成的万物，一以贯之地用公正统治它。既然唯有他是真正的所是，那么

---

① 见《出埃及记》40：6、29。

② 或者"完备的知识和众多的技艺"。这两个词不是对两个基路伯的比喻意义的解释，只是认为希伯来词有这样的含义，斐洛用两个基本上同义的词来翻译。

他毫无疑问也是造物主，是他使原本不存在的进入存在，而且他是万物本性上的王，没有谁能比造物主更公正地管理一切受造之物。

21. 他把以上提到的其他三样用品放在四根柱和五根柱之间，这个空间可以适当地称为殿的前厅，被两块织屏——内织屏和外织屏——隔离，这两块织屏分别称为帘子和罩棚。[①] 他把香坛放在中间，表示对土和水的感谢，鉴于从这两种元素获得的益处应当感谢它们，而宇宙的中间位置原是分派给它们的。[②] 他把灯台放在南边，表示天上发光天体的运动；因为日月和其他星体在远离北方的南边环行。从灯台的主干上叉出六个枝子，两旁各三个，总数就是七个；在所有枝子上装上灯和蜡烛架，象征有知识的人所说的行星。太阳就像灯台的杆，在六个枝子中位于第四的位置，放出光照在上面三个和下面三个上，把一架真正神圣的乐器调到完全和谐一致的程度。

22.[③] 桌子放在北边，桌上有饼、盐，因为北风就是那些常常给我们带来食物的风，食物源于天和地，一个降雨，一个得到雨水浇灌之后使种子长成果实。[④] 与桌子一起摆设的是表示天和地的东西，如我们的叙述所表明的，天由烛台表示，地和地上的各部分，由恰当地称为蒸汽看守者或香坛的东西表示，因为从地上升起蒸汽。露天院子里的大祭坛，他通常用一个意指祭品看守者的名称来称呼，因而当他论到毁灭祭品的坛是祭品的看守和护卫时，他不是指祭品的部分和肢体，它们的本性是要被火焚灭的，而是指奉献者的动机。如果崇拜者没有好心或正义，那么献祭就不是献祭，神圣的祭品就是亵渎神的祭品，祷告就是包含恶兆的话，彻底的毁灭要临到他们头上。因为祭献的若是外在的表

---

① 见《出埃及记》30：1 以下。
② 《出埃及记》25：31 以下。
③ 《出埃及记》25：23 以下。
④ 如果遵守文本，我认为这意思是说，放有食物的桌子代表派送食物的天和地，因而把另两样象征天和地的东西放在它旁边是恰当的。

象，那就不是意味着赦免，而是使人想起过去的罪恶。相反，只要他是清心和公正的，献祭就是牢固的，纵然祭品被烧毁了，或者甚至根本没有祭品放到坛上，因为真正的祭品，不就是神所珍爱的灵魂的虔诚吗？这样的灵魂献上感谢祭，将得到的是不朽坏，并被刻入神的名册，分有日月和整个宇宙的永生。

23.① 这些之后，导师为将来的大祭司预备了一套衣袍，质地精致、样式华美的服装。它由两件衣服构成，一件他称为外袍，另一件他称为以弗得。② 外袍的样式相对单调，因为它是由统一的暗红色丝线织成，只是在最末端镶有金色的石榴和铃铛，织有花样。而以弗得是非常富丽堂皇、充满了艺术特点的作品，是基于对以上所提到的材料，即暗红、紫色、纯白和朱红线的完全了解，用金线纺织而成的。因为切入细线的金叶是由各种颜色的线织成的。肩头配有两块非常昂贵的翡翠宝石，宝石上刻上先祖的名字，一头六个，共十二个名字。在胸口镶有另外十二块不同颜色的宝石，像图标，排成四行，每行三块。这些都镶嵌在他所称为的"理性之所"③ 上。这"理性之所"是四方形的，叠为两层，是一个铭记两种美德的地方，一种是清晰地展示，一种是真理。④ 这整个物件用金环与以弗得相连，连接得非常牢固，密不透风，天衣无缝，绝不会松掉。还有一面牌，做成花冠的样子，有四个切口，刻着唯有耳朵和舌头都得了洁净的人才能在圣所里听和说的名字，其他人在别的地方都不能听和说。这名字有四个字母⑤，那位学过神圣真理的导师说。也许他是把最初的四个数字，一、二、三、四，拿来作为它们的象征符

---

① 这一节见《出埃及记》第 28 章。
② 字面意思"披肩"。我保留了常见的中性词"以弗得"，有人认为它是一种马甲，还有人认为是一种围裙。
③ 英译本"决断的胸牌"。
④ 七十子希腊译本对奥秘词汇的翻译，英译本里译为"乌陵和土明"。
⑤ 这显然是很传统的一个观念，也出现在第 26 节，即刻在牌上的"四字母词" YHVH 不是出于希腊文本，也不是出于希伯来文本和英译本的"归耶和华为圣"。

号；因为几何学上的点、线、面、体，把万物都囊括在内，四里面包含了一切。同样，音乐里最和谐的是四分音、五分音、八分音和十六分音，其比例分别是四比三、三比二、二比一、四比一。四还有其他数不胜数的优点，其中大部分我在论数字的专文中作了详尽阐述。① 为防止这块牌碰到头，在头冠下面做了一条头带。此外还做了头巾，因为东方的君主通常都戴头巾，而不是王冠。

24. 这就是大祭司的衣袍。不过，我不能不说说它的含义，还有它的各部分的含义。我们认为在它作为整体里和它的各个部分里包含了世界及其各个部分的典型表示。我们先来看长可及脚跟的袍子。这袍子全是由紫罗兰线织的，因而是气的一个形象，因为气本质上是黑色的；也可以说，它是件长可及脚跟的袍子，因为它从月亮下面的区域延伸至地球各极，并且展现在各个地方。因而，这件袍子也是从胸口一直伸展到脚跟，包裹整个身体。在踝关节处，醒目地绣有石榴、点缀的花和铃铛。花代表土地，因为所有花和生长之物都是从土里来的；石榴或流动的果子代表水，从其流动的果汁来看，这样的称呼是适当的；而铃铛代表这两者的和谐联合，因为没有水，生命不能从土里产生；没有土，生命也不能由水产生，唯有两者结合为一，才能创造生命。它们的位置最清楚地证实了这种解释。正如石榴、花边和铃铛位于长袍的底端，同样，它们所代表的物质，即土和水，在宇宙中位于最低的位置，在与大全的和谐一致中，展现它们在固定的季节和适当的时令所具有的多种能力。土、水、气这三种元素是一切必死的、可灭的生命形式的源泉和生存环境，长袍，包括踝关节处的袍边，就代表了这三种元素，之所以这样说，是因为我们注意到，袍子是完全的一，而三种所说的元素也出于同一个类，因为凡是月球以下的东西都有变动不居的倾向；再注意到石

---

① 很可能就是《论创世》52 里提到的那篇"专门论文"，他在列举了许多数字的特点之后，提到这一作品。

榴和花样紧紧连着衣袍，同样在一定意义上，土和水也是挂在气上，气的作用就是做它们的支撑。

至于以弗得，考虑到各种可能性，应当说，它是天的一个象征。首先，肩带上的两颗圆形的翡翠宝石，如有些人认为的，表示支配白昼和黑夜的两个天体，即太阳和月亮，或者以更接近真理的进路说，是天空的两个半球。因为正如两颗宝石是彼此等同的，同样，地以上的半球和地以下的半球也是等同的，哪个也不会像月亮一样会有盈缺变化。它们的颜色也可以作出类似的证明，因为整个天空表面在我们的眼睛看来就像是翡翠一样绿莹莹的。每块宝石上还必须刻上六个名字，同样，两个半球也把黄道带分成两个部分，拨给每部分六个宫。其次，胸牌上的宝石，颜色各不相同，排成四行，每行三颗，它们表示的不就是黄道带吗？因为黄道带被分成四部分，每一部分由三个宫构成，这四部分构成一年里的四个季节：春、夏、秋、冬；四季各自的变化取决于三个宫，通过太阳的自转，根据一条数学法则，为我们所知，这四个季节是不可动摇的，不可改变的，真正神圣的。因而，它们也与被正确地称为理性之所的事物相对应，因为正是有序的、牢固确立的理性原理，创造出四季及其变化。最奇异的是，正是这种季节性的变化证明了它们的永久性。十二颗宝石有各不相同的颜色，彼此迥异，这一点很了不起，实在是令人叹为观止。因为黄道带的每个宫也这样，在气、土、水和它们的各种状态中产生各自独特的色彩，在不同的动物和植物中也如此。

25. 还有一个要点："理性之所"是双层的，因为理性原理在宇宙里和在人性中都是双重的。在宇宙，我们发现它以一种形式处理无形体的、原型的理念，理智世界是从理念形成的，而以另一种形式处理有形体的、可见的对象，它们是那些理念的复制和肖像，这感知世界就是从那些复制品产生的。在人，它以一种形式住在里面，以另一种形式用话语从里面表达出来。前者就像泉源，后者，言说，就是从前者这个源头流出来的。里面的位于处于支配地位的心灵，外面的位于舌头、嘴巴和其他发音器官。导师还非常恰当地把一个四方形分派给理性之所，由此以一个图像表明，理性原理，不论在自然中，还是在人中，必然处处坚定不移，任何方面也不会动摇；因而，他分给它上面提到的两种美德，清晰地展示和真理。事实上，理性原理本性上是真实的，清楚地阐述一切事物，并且在贤人身上，作为真理的复制，还以荣耀真理，使它以完全脱离谬误为己任，不会让他嫉妒任何一旦显明出来就必对聆听者有益的事物，免得陷于黑暗。同时，在我们每个人身上，理性有两种形式，外在的言语和内在的思想，他把两种美德分别交给两者，作为各自独有的特性；给言语的是清晰的展示，给思考的心灵的是真理。因为思维的职责是不接受错谬，语言的职责是运用一切有用的词汇清晰而准确地表现事实。然而，理性的高调宣称不论怎样可敬而卓越，若没有相应的行为跟在后面，理性就是毫无价值的，在思维功能中是这样，在语言功能中也同样如此。因而，在他看来，语言和思想永远不可与行为分离，于是，他就把理性位置紧紧连在以弗得或肩带上，不让它松弛分离。因为他把肩看作是行为和活动的象征。

26. 这就是他以圣衣的形象表示的观念；至于他为祭司设计了头巾，而不是王冠，那是因为他要表明自己的论断，即凡向神祝圣担当祭司的人，就比其他一切人高，不仅高于普通的平信徒，甚至高于国王。头巾上面是金牌，金牌上雕刻了四个字母，如我们知道的，它们表示那自我存在者的名字，这金牌令人印象深刻，意指任何事物若不求告他，就不可能存续；因为正是他的圣善和大能使万物连接、联合在一起。

这就是大祭司准备行使圣职时的着装，目的是当他进入里面献上祖先的祷告和祭祀时，使整个宇宙也随他一同进去，他身上所显现的就是宇宙的形象，长袍表示气，石榴表示水，花边表示土，朱红色表示火，以弗得表示天空，肩头的圆形翡翠，每颗刻有六个名字的，表示相似的两个半球，胸牌上的十二块宝石，排成四行，每行三块的，表示黄道带，理性之所表示把万物结合起来并管理它们的那个理性。已经向世界的父祝圣的人必然需要父的儿子连同他的所有完备的美德来为他的事业恳求，叫罪不再被记得，叫美好的恩赐大大地降临。也许他还在让神的仆人预备学习这样一课，即使他没有能力成为与世界之造主相配的，无论如何也当成为与这世界完全相配的。因为他穿了一件代表世界的衣服，他首先的职责就是把这样式铭记在心，从而在一定意义上把它从一个人转化为世界的本质；如果人敢这样说——其实只要是在说真理，人完全应当大胆地说出来——他本人就是一个小世界，一个微型宇宙。

27. 门外入口处，有一个黄铜制的水盆，在造这个水盆时，导师没有采取粗糙的原料，如通常所做的那样，而是用了已经为另外的目的精致做成的私人财物。这些财物是妇女们拿来的，她们的炽热的热情，在敬虔上能与男人相媲美，决心要赢得大美德的奖赏，急迫地尽一切力量使自己在圣洁上不逊色于男人。因为她们并不是在别人的命令之下，完全是出于自发的热情，把她们在装饰自己美好容貌时使用的镜子捐献出来，这是她们婚姻生活中的端庄和贞洁所献的真正适当的初果，而且也是她们心灵之美献出的初果。导师认为应当接受这些材料，就把它们融化，造出水盆，而不是别的东西，用来洁净要进入圣殿主持指定仪式的祭司，尤其是用来洗手和脚；这是象征纯洁无瑕生命的一个符号，表示行可嘉行为的清洁年岁，行在直道上，而不是行在不平的路上，甚至根本没路的恶的荒野中，乃是凭依美德之助行在平坦的大路上的那些岁月。他希望那从水里得了洁净的人想起，这器皿的材料原是镜子，好叫他本人也把自己的心灵看作一面镜子；如果有什么非理性情欲的污点出现，不论是因为快乐把自己抬升到本性不允许的高度，还是相反，因为痛苦使他退缩，把他压倒，或者出于畏惧，偏离他所面向的直路，使它变成弯路，或者由于欲望，强制性地拖着他，把他推向他还未获得的事物，他都会尽最大的努力医治痛处，清除污点，希望获得真正的、完全的美。身体的美在于各部分比例匀称，皮肤细腻，身体健康，但它的花季很短。而心灵的美在于信条的一致，在于美德的和谐。时间的流逝不能使它枯萎，在漫漫岁月中，它永葆青春，装饰着真理的亮丽色彩，行为与言语一致，言语与行为一致，进而思想和动机与两者一致。

28. 他从神领受了圣洁帐幕的范型，又把这教训传授给那些敏于领会、正好又有天赋担当并成就这工的人，因为这工需要他们的手艺，然后这神圣建筑就开始按自然顺序建造。下一步要做的是，挑选出最适当的人做祭司，并让他们在最佳时间了解应当怎样带着祭品来到坛前，履行圣洁的仪式。于是，他从全民中挑选了他的兄弟做大祭司。这是基于他的功德。又指定兄弟的儿子做祭司。他这样做并非对自己的家族有什么偏爱，而是偏爱他从他们的品性中观察到的敬虔和圣洁。从以下的事实可以清楚地表明这一点。他有两个儿子，但他认为他们谁也不配有这样的声望；倘若他看重家庭亲情，很可能会先选择他们两个。[①] 得到全民的同意之后，就举行就职仪式，根据神谕制定的指令，以全新的方式就任，这是值得记载的。首先，他用最纯净、最新鲜的泉水给他们清洗，然后，给他们穿上圣衣；给他兄弟穿上用多种手艺织成的代表宇宙的衣袍，就是长及脚跟的外袍和绣有胸牌的以弗得；给他侄子穿上细麻长袍，再系上三条腰带和马裤。腰带是为了使他们不受妨碍，系紧袍子上的松褶，更方便做圣事；马裤是为了防止叫人看见出于礼貌必须掩盖的地方，尤其是当他们走向圣坛，或从上面下来，在各种活动中快步走动时。试想，如果他们的衣服不是安排得如此仔细、妥当，预防不可预知的事件发生，他们就有可能在热心而快速地履行职责的过程中暴露身体的裸出部分，无法保持被祝圣之地和被祝圣之人的庄重。

29. 他给他们装束好这些服饰之后，就拿来一些极香的油——经香料制造者精心合成的香油，先用于位于露天院子里的物件，即大坛和水盆，向它们洒油七次，然后洒向帐幕和每件圣物，约柜、蜡台、香坛、桌子、酒杯或酒碗、小瓶，以及所有在祭祀中需要或有用的物件；最

---

① 从这里到第 29 节末见《出埃及记》第 29 章，《利未记》第 8 章。

后，来到大祭司面前，用大量油膏抹他的头。敬虔地做完这一切之后，他吩咐呈上一头公牛和两头公绵羊。献公牛的目的是赦免罪，通过这一形象表明，罪是一切受造之物天生的，甚至可以说，正因为它们是受造的，所以有罪；因这罪，就要通过祷告和祭献安抚神，免得惹动他的忿怒，降祸于人。关于公绵羊，一只是作为完整的燔祭献的，感谢他对宇宙大全的安排，我们每个人都按各自分得的部分得恩赐，从各元素受益处：从土，得居所和地上出产的食物；从水，得饮用、清洗和航行；气，使人能呼吸，感官能感知，所有感官都借助空气运行，它还给我们一年四季；通常所用的火，可烧饭、取暖；天上的各种变化，给我们带来光，能看见万物。另一只代表那些为自己的完备和完全借神圣的洁净礼成了神圣的人献的，因而把它称为"成全"的羊，从整套仪式看，是与神的仆人和执事，就是他们要接纳的职责相适合的。然后，他取了公羊的血，洒一部分在坛周围，其余的装入他拿在下面的小瓶里，把它抹在那些预备接纳为祭司的人的身体的三个地方，右耳垂上、右手尖上、右脚尖上。他以这一形象指出，完全成圣的人必须在言语、行为和整个生命上都纯洁；因为言语是靠听力判断的，手代表行为，脚表示生命的旅程。另外，每一部位都抹在底端，并且在右边的，我们必须认为这指明了这样的真理，在一切事上的提高都需要一个灵巧（惯用右手）的灵，力求达到幸福的极致，持之以恒地坚守目标，一切行为都指向它，就像箭手，把所有的箭都射向生命的目标。

30. 他的第一步是把单个祭品，就是所称的成全之羊的未混合的血，洒在以上所提到的祭司身体的三个部位。然后，他取了坛上的一些血，是所有祭品的血，再取一些上面提到的由香料制造者配好的油，把油和血混合。然后他用这混合物洒在祭司和他们的衣服上，希望使他们不仅分有外层敞开院子的圣洁，也分有里面圣所的圣洁，因为他们还要进入里面部分作执事，里面的所有物件都已经抹了油。

还有其他一些祭品，有些是祭司代表他们自己呈上的，有些是全体长老代表整个民族献上的。这之后，摩西带着他兄弟进入会幕。这是在庆祝的第八天，也是最后一天，前七天他一直在向他的侄子及其父亲传授奥秘知识，并引导他们如何走向神圣奥秘。进入会幕之后，他就像好老师教导聪明的学生，指示他大祭司该如何行至圣所里的崇拜仪式。然后他们两人出来，并向前伸出双手，以极其真诚而纯洁的心作适合民族需要的祷告。当他们还在祷告的时候，一件大奇事发生了。圣所里突然出现一团火焰。无论它是一些零散的以太，最纯净的物质，还是由于元素的自然转化，气变成了火，总之它突然熊熊燃烧起来，并凶猛地扑了过来，落在坛上，烧毁了上面的所有一切，我想，由此清楚地证明，所有这些仪式都不是没有属神的关注和监管的。这是合乎情理的，圣所就应当有某种特殊的恩赐附于它，高于人的手艺所能给予的，这是借着最纯洁的元素——火赐给的，从而使坛免于与通常使用的普通的火接触，也许因为有如此众多的恶与这样的火相连。确实，它的活动不仅被用于低级动物，烤或煮它们时要用火，以满足可怜肚腹的残忍欲望，还被用于对人类的屠杀，一些人用火来烧死另一些人，不是三个、四个，而是成千上万乃至无数。在此之前，我们知道带火的箭经过撞击烧毁了整整一舰队的人，还把城邑整座整座地摧毁，一直烧到根基，全都归于灰烬，没有任何迹象能表明它们过去曾是人居住之地。我想，这就是神为何要把通常使用的火从他最纯洁而神圣的坛上驱走，并从天上降下属天的火焰取代之，以区分圣洁的火与不洁的火，属人的火与属神的火的原因。因为对祭献的祭品，派给他们更不易毁灭的火，而不是促进人类生活需要的火，这是非常恰当的。

31. 每天都必然有许多祭品献上，尤其是在公众聚会和各种节日的时候，有为个人献的，也有为共同体献的，而且原因五花八门，各不相同。如此人口众多的一个民族所体现出的这种敬虔，要求殿里有许多服侍人员，在圣事上提供帮助。对这些人的挑选又是一个十分奇异非凡的过程。他从十二支派中挑选了一个最值得称赞的支派，任命他们担当这一职责，作为对他们所行的令神喜悦的行为的奖赏和回报。① 关于那一行为，故事是这样记载的：摩西上到山上，留在那里多日与神密谈，没有下来，此时本性不稳的人认为他不在是个好机会，就迫不及待地行起放肆、不敬的事来，似乎权威已经不再，忘了他们曾对自我存在者怀有的崇敬，变成了埃及寓言的热心崇拜者。他们仿造在那个国家被奉为至圣的动物，造了金牛犊②，然后，献上不是祭的祭，组建不是唱诗班的唱诗班，唱起颂歌，却酷似葬歌，并且狂饮烈酒，酒使他们沉醉，愚蠢也同样使他们迷醉，他们被这双重迷醉压倒。他们如此狂欢作乐，通宵达旦，对将来毫不警觉，与令他们快乐的邪恶结合，而公正，无形体的监视者和他们应得的惩罚，却在那里预备攻击了。

由于营帐里一大群人聚在一起不断地发出尖叫，这声音传得很远很远，甚至在山顶也能听见回声，当它们撞击摩西的耳朵时，他正处于一个困境，陷于神对他的爱和他对人的爱之间的两难境地。他无法忍受抛开与神的交谈，那是私人的交谈，没有任何他者在场，但也无法做到不顾众人，不顾群龙无首的混乱状态产生的种种不幸。因为他善于在不连贯、无意义的声音里猜测在别人看来模糊、看不见的内心情欲的明显标志，所以一听到喧哗吵闹声就知道其背后的原因，就明白醉酒引起了普遍的混乱，因为放纵产生饱足，饱足产生骚乱。于是，他被自身的两边一会儿往前拉，一会儿往后拉，使他一会儿倾向这里，一会儿倒向那里，不知道如何是好。正当他思量不定的时候，有神圣的话对他说："快离开这里，下山去。百姓正在追随不法之事。他们造了一个神，是人手所做的作品，有牛的样子，并向这不是神的神下拜、献祭，忘了他们所见过也听过的敬虔有多大的力量。"摩西感到沮丧，不得不相信那不可思议的故事，但他要做中保和调解人，并没有马上急急离开，而是

① 这里至第32节末见《出埃及记》第32章。
② 这里如别的地方一样，斐洛认为造金牛犊是效仿阿庇斯（Apis）崇拜（尽管如 Driver 指出的，埃及的公牛崇拜是对活物的崇拜）。

首先做祷告和求告，恳请能赦免他们的罪。然后，当这位保护者和代求者使统治者的忿怒减少了，他才带着喜乐和沮丧混合的心情往回赶路。他喜乐是因为神接受了他的祷告，但民众的悖逆使他心里充满沮丧和沉重，随时都会爆发。

32. 当他回到营房中间，看到众人的突然悖逆和他们的幻觉，不禁大为吃惊，这与他们曾经追求的真理如此大相径庭。他注意到，这腐化之气虽然已经传到众人，但仍有些人心理健全，对恶怀有恨恶之情。因而他想要把不可治愈的人与那些不高兴看到这种行为的人分别开来，与虽然犯了罪但悔改了的人分别开来，于是他发出宣告，扔出一块试探石，打算准确试探各人是偏向敬虔，还是偏向它的反面。他说："凡属耶和华的，都要到我这里来。"寥寥数语，却充满丰富的含义，其主旨是这样的："凡认为人手所造的作品，受造的事物，没有一个是神，唯有一位神，就是宇宙的统治者的，就让他到我这里来。"有些人因致力于埃及的虚枉，早已变得好反叛，对他的话无动于衷，有些可能出于对惩罚的畏惧，没有勇气站到他身边来，或者因为害怕在摩西手上会受到报复，或者担心会受到反叛暴民的猛烈打击。因为民众往往会攻击那些拒不与其一样疯狂的人。在所有人中，唯有一个支派，就是有名的利未人，一听到摩西的宣布，就全速奔跑过来，就像一支军队，只要一个信号就够了，他们的迅速动作表明了他们的热心和敦促他们走向敬虔的内在的热切之情。摩西看到他们像赛跑者一样从起点冲过来，就喊着说："使你们奔到这里来的速度是否不只存在于你们的身体里，还存在于你们的心里，立即就会见分晓。你们各人拿起自己的刀，杀死那些恶人，他们的行为该让他们死上一千次，他们离弃真神，用可朽坏的受造之物造出诸神，其实是假神，却冠以属于不朽者和非受造者独有的头衔。没错，杀死他们，尽管他们是亲人是朋友，但要相信良善中间没有亲情和友谊，唯有敬虔。"他们对他的劝诫早有心理准备，因为几乎从最初看见那些人的不当行径之时起，就对他们产生了敌对情绪，于是，他们大肆屠杀那些原本是他们至亲的人，达三千人。这些人的尸体堆放在市场中央，众人看着他们，对他们产生同情，但仍处于激昂、忿怒之情中的杀手又使他们感到害怕，畏惧使他们变得聪明。摩西赞赏这种英勇行为，想出并确认了完全与得胜者的这种行为相配的奖赏。没错，那些自愿拿起兵器为神的荣誉而战，并如此迅速地取得胜利的人，应当接受祭司之职，配被提升为神的执事。

33. 我们知道，被祝圣的人并非全是同一个等级，而是组成了两个等级。他们包括那些受委任进入至圣所，祷告、献祭、行其他圣礼的人，也包括那些一般被称为殿里侍奉者的人。这些人没有这些职责，但日夜看护、保卫圣所里面的物件。结果，争夺优先权的斗争，在许多地方给许多人造成无数麻烦的原因，也在这里找到了土壤。殿里的侍奉者起来反对祭司，意图从他们那里夺取优先权，并且指望能轻松得逞，因为在人数上他们要比对方多出许多倍。为防止人们以为这骚乱是他们特有的计划，他们说服十二支派中的资格较老的支派与他们合作共事，这一支派有许多没有头脑的信奉者，这些人以为能够把优先权拿来作为自己生来就有的权利。摩西从这里看出正在酝酿针对他本人的猛烈攻击，因为他根据赐予他的神谕选了自己的兄弟做大祭司。但有用心险恶的谣言说，他假造了神谕，他挑选自己的兄弟是出于家族亲情。他自然感到痛心，不只是因为尽管他通过如此众多的证据表明自己的清洁信心，却仍然不为他们所信，而且因为这种不信还延伸到关乎神尊荣的行为，其本身就必能保证其真实性的行为，哪怕是一个在其他一切事上都作假的人，在这些行为上也很诚实，因为真实乃是神的侍从。但他认为用言语向他们解释自己的动机不太适当，知道对那些已经被相反观点控制的人，企图改变他们的信念，是徒劳无益的。于是他求神用清晰的证据向他们表明，他挑选祭司职位的人选完全诚实无欺。神吩咐他拿来十二根杖，对应十二支派，在其中十一根杖上刻上其他各位长老的名字，在第十二根杖上刻上他兄弟，也就是大祭司的名字，然后把它们拿进殿里，一直拿入至圣所。摩西就按所吩咐的做，然后急切地等待结果。第二天，他受到神圣暗示的激励，让所有人都站在旁边，进去把杖取了出来。其他杖与先前没有任何分别，但刻了他兄弟名字的那根杖发生了奇异的变化。它就像一棵长势良好的植物，长满了新芽，还结满了果实。

34. 这果子原来是坚果，本质与其他果子相反，因为大部分果子，比如葡萄、橄榄、苹果，种子与可吃部分之间有一定分别，并且它们的位置也有不同，是相互分离的，可吃部分在外面，而种子被包在里面。然而坚果不是这样，种子与可吃部分是同一的，融合成同一种形式，它们的位置也一样都在里面，全身由双重围栏保护和守卫，一部分是非常厚的壳，一部分等同于木结构的一种物质。所以，它表示完全的美德；正如在坚果中，开端与结局是统一的，开端就是种子，结局就是果子，同样，美德也如此。两者还有一点相同，即既是开端，又是结局；开端是说它源于自己，不源于其他任何权能，结局是说它是出于本性的对生命的渴望。

这是把坚果作为美德之象征的一个原因，此外还有一个更清楚的原因。坚果的壳很苦，而像木篱笆一样包围果子的内层又极其坚硬；由于果肉被这两层东西包裹，所以要得到它很不容易。摩西在此看到实践灵魂的比喻，他认为可以拿这一比喻来鼓励灵魂追求美德，教导它必须首先遭遇艰难。艰难是苦的，难的，硬的，但它能产生良善，因而不可有任何软化。逃避艰难，也就离弃了良善，唯有耐心地、勇敢地忍受难以忍受的东西，才能奔向祝福。在奢侈逸乐中生活的人，灵魂在日复一日无休无止的奢侈中变得软弱无力，身体趋向荒废，美德不可能住在里面；它必首先在正当理性的法庭上①以此人滥用为由与之脱离关系，然后寻求另外的家。而最圣洁的一族，公正、自制、勇敢、智慧，在践行

---

① 或者"在正当理性这位掌权者面前"。见《论基路伯》115 的注，它指出，"chrematixein apoleipsin"是雅典法的常规短语，当妻子上诉掌权者（Archon）与丈夫离婚或分居时使用。

者以及所有投身于朴素而艰苦的生活的人那里，是一个连着一个，一环扣着一环的，那样的生活就是自控、自制，以及简单、朴素的知足。靠着这些，我们里面最高的权威，理性上升到健康、幸福状态，使威胁身体的可怕危险化为乌有，这些危险是由大量醉酒、暴食、淫荡和其他贪得无厌的欲望引发的，这些欲望导致肉体粗俗肥满，与敏捷的心灵为敌。再者，他们说，所有按常规春天发芽的树木中，杏树是最先开花的，这给人愉快的预告，告诉人它不久必是硕果累累，而且是最后落叶的，年复一年地把它朝气蓬勃的老年延长到极限。他把所有这些细节拿来比喻祭司支派，指明它必是整个人类中最先也是最后开花的，到了那时，不论那是什么时候，它必使神喜悦，使我们的生命像春天，脱去了贪婪，那个阴险的敌人，我们不幸的源头。①

35. 我们上面说过，真正完全的统治者有四位助手。他必须有君王的身份，立法的能力，祭司的身份，说预言的能力。这样，作为立法者，他就可以命令做该做的事，禁止做不该做的事；作为祭司，不仅处理属人的事，还处理属神的事；作为先知，凭着默示宣告理性不能领会的事。我已经讨论了前三者，表明摩西是最好的王、立法者和大祭司，现在要接着总结指出，他还是一位具备最高尚品质的先知。诚然，我完全知道，圣书里所记载的事无一不是借着摩西传达的神谕，但我只涉及那些比较具有他个人特点的话，作出以下的初步论述。关于神圣话语，有些是神亲自说的，以他的先知作解释者，有些是通过问和答显明的，还有的是摩西自己说的，当然是在被神充满，失去自制之后说的。第一类是绝对而完全地表示神圣的美德、仁爱、慈善，他凭这些话激励所有

---

① 这个句子的思想似乎有点混乱。亚伦家族永远胜过得到流便支持的低层利未人，这种胜利由开花期最长的花的盛开来比喻，所以，当人类作为一个整体的"pleonexia"（自我论断）被毁之后，必然有一个永久盛开期。那是谁的盛开期呢？我们希望是全人类的。但我们看到的是"祭司支派"。这是指实际意义上的人呢，还是代表着以色列，祭司之族，或者甚至代表真正的祭司之心？如果我们能在"ustate"插入"e euche uper"，意思就会变得清晰。斐洛常常强调（比如《论特殊的律法》I. 97），祭司的祷告是为整个人类的祷告。

人行高贵的事，尤其是崇拜他的这个民族，他为他们开启通向幸福的道路。在第二类里，我们看到联合和合作：先知就他一直在孜孜以求的问题求问神，神回答他，指示他。第三类分派给立法者自己：神把自己的预见能力赐给他，叫他因此显明将来的事。第一类必须剔出讨论范围，它们太伟大了，不是人口所能称颂的；其实，就是天、世界和整个现存的宇宙，也几乎不配对它们唱赞美歌。更何况，它们是凭一位解释者传达的，而解释与预言并非一回事。第二类我现在就开始描述，同时结合第三类，因为在第三类话语中，说话者显然处于神圣迷狂状态，由此表明摩西主要或者严格意义上是个先知。

36. 为履行我的许诺，我必须从以下事例开始。神圣声音以问和答的形式制定律法，因而具有某种混合的特点：一方面，先知在神圣迷狂状态中提问，另一方面，父回答他，像个朋友一样与他交谈，给他启示的话语。这一类例子有四个。第一例讲的是这样一个人，不仅摩西这个有史以来最圣洁的人会被他激怒，就是对略微敬神的人也会表示忿怒。① 此人出身卑贱，是从不相配的婚姻中出生的，父亲是埃及人，母亲是犹太人，他蔑视母亲的祖传习俗，如我们所读到的，转向埃及的不敬，信奉那个民族的无神论。诸民族中，几乎唯有埃及人把地立为权能，挑战天。他们认为应当敬地为神，拒不对天给予独特的尊敬，似乎尊敬最外面的区域，而不是尊贵的宫殿，是正当的行为。在宇宙中，天是一个最圣洁的宫殿，而地是外层区域，其本身诚然也是可敬的，但一与以太相比，就要卑微得多，就如黑暗与光明相比，夜晚与白昼相比，可朽的与不朽的，凡人与神相比。埃及人的想法则相反；由于他们的地不像其他国家的那样，是靠降下的雨水浇灌的，而是经江河的泛滥，每年都有固定的水分，所以他们论到尼罗河时，把它看作与天相匹配的，因而应当神化的，谈论地时也用极其尊贵的词汇。

---

① 见《利未记》24：10—16。

37. 瞧，这个混血儿，与民中有见地和知识的人争吵起来，大发脾气，无法控制，并在埃及无神论的怂恿下，把对地的不敬扩展到对天不敬，用他的灵魂、舌头和所有语言器官诅咒，出于太多的邪恶，用肮脏、可憎的话语诅咒神。须知，对于神，即使想赞美他，也不是人人都可以的，唯有最善的人才有这种特权，甚至须是那些得了完全而彻底洁净的人。于是摩西对他的疯狂和极端的厚颜无耻感到震惊，虽然义愤之灵在他里面很强大，他但愿能亲手割除他，但恐怕他要求的还是太轻的惩罚；因为要想出适用于如此不敬的人的惩罚措施，不是人力所能及的。不敬神意味着不敬父母、国家和恩人。既如此，这个不仅不敬神，还胆敢辱骂他的人，该堕落到了多深的地步？而与诅咒相比，辱骂只是轻罪。既然虚枉的舌头、放肆的嘴巴致力于无法无天的荒唐行径，必是可怕地违背了道德律令。你这家伙，回答我，可有谁诅咒神的？你求告哪个别神来实现你的诅咒？难道求告神的帮助来诅咒神自己吗？让如此渎神而邪恶的念头见鬼去吧！但愿不幸的灵魂洁净自身，凭着迟钝的感官耳朵的帮助，听到这样的话变得怒不可遏。说出如此亵渎之话的舌头，难道不是麻痹的舌头？准备听从它的耳朵岂不是闭塞起来的耳朵？它们若不是公正所提供的，很可能就会是这样；公正认为，在极善或极恶的事物上面，不可遮盖任何帕子，而要把它们交给最清楚的试验，验出它们是善是恶，以便惩恶扬善。因而，摩西下令将此人拖入牢里，戴上锁链，然后恳求神，求告他的仁慈，请求赐给感官力量，使我们看见按理不能看见，听见按理不能听见的东西，指示我们对做出如此不敬、邪恶、闻所未闻、难以置信的罪行的人该怎样处置。神命令用石头打死他。我想，这是因为用石头击打对一个灵魂坚硬得像石头一样的人是完全适当的，同时，希望所有人都来分有报复之工。这些人，如他所知道的，对这个罪人深恶痛绝，巴不得他死。而投掷石头这种执行措施显然是唯一一种能让成千上万的人共同参与的刑罚方式。

惩治了这个不敬的恶人之后，新的法条就起草确立了。在此之前，似乎并不需要这样的法令。但意料之外的混乱要求新的律法作为对不法行为的遏制。由此颁布了以下这条法令：凡诅咒神的，必担当他的罪，那直呼耶和华名的，必被治死。[①] 您说得多好啊，您这最智慧的人，唯有您痛饮了原汁原味的智慧之酒。您认为，呼名比诅咒更恶劣，因为你不可能对一个犯了最大的不敬之罪的人给予轻刑，把他列为轻罪犯，而你原先规定的法令要求对一个犯了较轻罪的人给予极刑。

38. 他这里用"神"（god）这个词，清晰地表明他不是指首要的神，宇宙的生育者，而是指各城的诸神，假称的神，画匠、雕刻匠造出来的像。我们知道，这世界充满了木制、石制的偶像，以及诸如此类的形象。我们必须克制自己，不可对它们说侮辱的话，免得摩西的门徒养成习惯，凡论到"神"的名就表示轻蔑，其实，这个名称应当给予最大的尊敬和爱戴。若是有人，不要说亵渎诸神和众人的主，就是胆敢不合时宜地称呼他的名，也要把他治死。试想，就拿我们自己的父母来说，尽管他们不过是凡人，但凡对父母怀有应有的尊敬的人，都不会直呼他们本人的名字，而是用表示血缘关系的术语——父亲、母亲——来称呼，他们对父母的这种称呼既可显出对父母所给予的不可比拟的恩惠的间接承认，也表达了他们自己一如既往的感恩之心。对父母尚且如此，对那些鲁莽不计后果的舌头不合时宜地乱用最圣洁的神的名字，把它当做纯粹的咒语的人，我们难道还认为可宽恕吗？

39. 把这样的荣耀归于大全之父后，先知就开始赞美圣七日，因为他敏锐的洞察力看见它奇异的美，印在天上，整个世界上，铭刻在自然本身里面。他发现，她首先没有母亲，不是从母亲来的，唯从父亲而来，不经生育，出生却不经肚腹。其次，他看见不止如此，她不只可爱、没有母亲，而且她还是永远的童女，既不是从母亲而来，自己也不

---

① 见七十子希腊本《利未记》24：15、16。英译本："凡诅咒神的，必担当他的罪，那亵渎耶和华名的，必被治死。"

当母亲生育，既不是从朽坏而来，也不是注定要遭受朽坏。① 最后，他在仔细审视她的时候，在她里面看到整个世界的诞辰②，上天庆祝，大地和地上万物也庆祝的一个节日，它们对这完全和谐的神圣数字大为喜乐，极为赞美。出于这个原因，在一切事上都表现得非同凡响的摩西决定，凡是在他的自由民名册上登记的，遵守自然律法的人，都要放下工作、营利的活、各种职业③、为生计所求的事，在这段愉快欢乐的时间里大力庆贺，享受脱离劳作、解除疲惫和焦虑的轻松和愉悦。但享受这种休闲不可像有些人那样在运动中、喜剧表演中、跳舞中猛烈狂笑，渴望表演的傻瓜在舞台上浪费精力，几乎到死的地步，凭着主要的听觉和视觉把它们的自然女王灵魂降低到奴役的位置；这种安息只能在对智慧的追求中享受。这种智慧必然不是咬文嚼字者、诡辩家所构造出来的体系，那些人出卖自己的原理和观点，就像市场上出卖商品一样的人，也不是永远使哲学与哲学直接对立而毫不脸红的人构造出来的体系，而是由三股线——思想、语言和行为——编织成一个整体的真正哲学，只为获得并享有幸福。

　　④有一个人无视这一法令。虽然关于第七日的神圣性的法令不断在他耳边回响，这是神颁布的，不是凭着他的先知，而是凭着一种可见的、能唤起人的眼睛，而不是耳朵的声音⑤——奇怪的自相矛盾——颁布的，此人仍然穿过营地中间，去取柴，知道所有人都在自己的帐篷里休息。但他的罪行不可能掩人耳目⑥，当他还在行这恶事时，就被人发现。因为有些出门去到旷野寻找安静、开阔而偏僻之处祷告的人看见了

---

① 参见《论创世》100；《寓意解经》I. 15。
② 参见《论摩西的生平》I. 207。
③ 脑力的技艺和体力的技艺都包括在"technai"这个词里。
④ 至第40节末见《民数记》15：32—36。
⑤ 指七十子希腊译本《出埃及记》20：18："众百姓就看见了声音。"参见《论亚伯拉罕的迁居》47。
⑥ 即确保他的信心的神意使这种明确的证据即将出现。

这一违法行为；看到一个人在为烧火捡柴，他们简直无法控制自己，很想杀死他。但经过考虑，遏制了强烈的怒火。他们不希望叫人看到，他们这些只是平民的人擅自行使统治者的惩罚之职，而且还不经审判，尽管罪行在其他方面都一清二楚；也不希望杀人流血——尽管是罪有应得的——来玷污这日子的圣洁。于是他们抓住他，把他送到统治者和同坐的祭司面前，全体民众围成一圈旁听。根据惯例，只要有机会，每一天，特别是在第七天，如我上面所解释的，从统治者学习智慧，听他阐释、教导该说什么，该做什么，使他们在道德原理和行为上得到教化和改善。即使到了今天，这种习惯还保存着，犹太人每个崇拜日都学习祖先的哲学，把那段时间用来追求知识，学习自然的①真理。试想，纵观各城，我们的祷告之地不就是教导审慎、勇敢、自制、公正，以及敬虔、圣洁和各种美德的学校吗？依此就能分辨对神的职分和对人的职分，从而正当尽职。

40. 于是，对神犯下这一大罪的人被暂时下到监里。但摩西对如何处置心怀疑惑。他知道这行为该死②，但哪种惩罚方式最恰当呢？于是他在灵里靠近审判台——其实即使求它的灵也看不见这台——求问未听之前就知道一切的审判者，他的判决是什么。那位审判者就宣布自己的决定说，此人当死，且不是别的死法，非用石头打死不可；因为在他，就如前一犯人那样，心灵已经变为毫无意识的石头，做出全然邪恶的，包含关于守安息日所颁布的一切禁令的行为。怎么讲呢？因为不仅商业，还有其他手艺、职业，尤其是那些为赢利、为生计而做的事，都直接或间接地以火为媒介实施的。因而，他常常③禁止在第七天点火，把它看作处于万物之根的原因，是最初的活动；而且，这一活动停止，他

① 或者"神学的"。

② 根据记载，事实上早已规定，违背安息日是死罪。《出埃及记》31：14，35：2。

③ 只发现《出埃及记》35：3有，不过，可以认为，这暗指《出埃及记》16：23里关于安息日之前烤或煮吗哪的命令。

认为其他具体活动就必然也随之停止。而柴乃是烧火的材料，所以，他捡柴就是犯了类似于烧火的罪，这是同一家庭中的两兄弟。而他的行为是双重的罪，首先在于捡柴这个行为，违背了歇工的诫命，其次，就他所捡之物的本质来说，那是生火的材料，火是一切技艺的基础。

41. 以上提到的两件事都是关于对不敬之人的惩罚，是通过问答方式认可的。还有两例是属于另一类的：一例与继承一笔产业有关，另一例与显然是在一个错误的时节举行的仪式有关。我们把后一例放在前面讲，这样比较好。摩西把春分的开端定作一年的正月。他这样做，不是像有些人那样把荣耀给予真实的时间，而是给予自然为人生出的恩赐。因为春分之际，麦子，我们必需的食物，开始成熟，而树上，繁花盛开，果子就要开始出现。这是次于麦子的食物，所以也迟一点生长。在自然界，不那么紧迫的事物总是在真正迫切需要之物后面出现。小麦、大麦和其他食物是迫切需要之物，没有它们，生命就无以维系；而葡萄酒、橄榄油和其他树上果子并不最先出现，因为没有它们，人仍然可以活很多年，直到寿终正寝。在这个月，大约第十四天，月亮满圆的时候，要纪念逾越节，希伯来语里称为 pasch 的一个公众节日；在逾越节中，祭品不是由俗人拿到坛前，再由祭司献祭，而是根据律法的规定，整个民族就是祭司，每个人为自己并用自己的双手献上自己想献的祭。正当众人都喜庆欢乐，感到自己拥有祭司之荣耀的时候，有些人却处在眼泪和忧伤之中。他们最近死了亲人，在为死者哀哭时感到双重的悲伤。因为他们除了因失去亲人而悲伤之外，还感到丧失了神圣仪式的喜乐和荣耀。因为他们在那一天甚至不允许拿圣水洁净或喷洒自己，他们的哀期还有几天时间，还没有过了规定的期限。这些人在节日之后，满怀忧伤和沮丧地来到首领面前，陈述他们的情形——由于亲人最近过世，他们必须尽义务守丧哀悼，结果他们不能参加逾越节祭祀。然后他们祈求不要遭受更多的不幸，不要把他们在亲人过世中所承受的不幸看做是该受惩罚的恶行，而应得到同情。不然，他们认为自己的命运甚至比死者更糟糕，因为死者对自己的困境没有任何感觉，而他们忍受活着的死亡，仍保持自己的意识。

42. 摩西听到这些，认识到他们的申诉是有道理的，他们关于没有参加祭献的理由是中肯的，同时还掺杂着对他们的同情。然而，他在判断上犹豫不决，就像在天平上摇动：一边压着同情和公正，另一边放着势均力敌的逾越节祭献的律法，清楚地规定正月的第十四天要献祭。在拒绝和认同之间摇摆不定，于是他就恳求神来作论断，给一个神谕，说出他的决定。神垂听他的话，赐下回答显明他的旨意，不仅感动了那些先知为其代求的人，还涉及那些将来世代可能处于同样境况中的人。而且，他的恩典还大大增加，在神圣法令里包括那些出于其他原因无法参加全民圣事的人。现在应当阐述由此给出的宣告了。他说："为亲人哀悼，这是家庭不可避免的痛苦，但不能算作冒犯。如果哀期未过，就不可进入圣所，那里必须保持洁净，免除一切污秽，不仅指故意做的污秽，也包括非故意招来的污秽。但是只要哀期结束，必不能拒斥哀悼者同样分有圣事，使活人成为死者的延续。他们可以在二月，也在第十四日作第二次准备，像第一次一样献祭，对祭品守同样的规则和方式。同样的事也必须允许那些不是因为守哀，而是由于身在遥远的他国，不能参加全民崇拜的人做。因为海外居住者和其他地区的居民都不是作恶者，不应失去同等的权利，尤其是民族已经发展到如此人口众多的时候，一个单一的国家不能容纳这么多人口，有必要向世界各地输送移民。"

43. 也就是说，那些因不利环境而没能与全民一起守逾越节的人，随后要尽其所能弥补所忽略之事。讨论了这一事例之后，我要论到最后一条规定，是关于遗产继承的。这例与以上几例一样，也是产生于一问一答，因而具有混合的特点。[①] 有一个人名叫西罗非哈（Zelophehad），声望很高，出身高贵的支派，有五个女儿，但没有儿子。父亲死后，女

---

① 见《民数记》27：1—11。

儿们心想，她们可能会失去他留下的财产，因为按规定遗产由男性支脉继承，于是就带着少女的端庄来到首领面前，不是谋求财产，而是想保护她们父亲的名望和声誉。她们说："我们的父亲死了，但不是在任何其结果是导致众多人毁灭的叛乱中死的，而是安心地过着普通国民的平静生活，所以可以肯定，他没有儿子不能算是一种罪。① 表面上看我们是孤儿，但实际上我们希望在你这里找到父亲；因为对臣民来说，一位合法的首领比自己的亲生父亲更亲近。"摩西很敬佩这些少女的判断能力，她们对父亲的忠诚，但仍然迟迟不能论断，因受到另一观点的影响，那种观点认为，男人们应当分有遗产，作为他们所担负的兵役和战争的牺劳；而自然本性使女人被排除在这些冲突之外，但也清楚地拒斥她们分有为此分配的奖赏。在这种心灵摇摆和未决状态中，他很自然地把难题求告于神，因为他知道，唯有神能凭永远不会错、绝对正确的考验分辨出最细微的不同，从而表明他的真理和公正。而这位大全的造物主，世界的父，把天地水气以及它们所产生的一切紧紧结合在一起的神，众人和诸神的统治者，并未鄙弃对这些孤女的请求的回应。而且他在回应中赐给的远多于一位审判者所能给的，他是如此良善和仁慈，他的慈爱权能充满了宇宙的每个角落；因为他完全赞同少女们的话。主和主人啊，哪个人配向您唱赞美歌呢？怎样的嘴巴、舌头、其他表达工具，怎样的心灵，灵魂中的主宰部分，能配担当这样的任务？就算星辰成为一个合唱团，它们的歌唱能配得上您吗？即使把整个天分解为声音，它能表述你的哪部分卓越呢？"西罗非哈的女儿说得有理。"他说。谁能不知道这从神来的见证是多大的称赞？所以，你们自夸的人，吹嘘夸口自己的繁盛，脖子高昂、眉毛飞扬的姿态，对待守寡这种不幸之事如同笑话，把更为可怜的孤儿的不幸看为可笑之事的人，你们来看看

---

① 斐洛是想解释英译本第 3 节"他是在自己罪中死的"（即通常意义上的人的罪性），"他也没有儿子"。

吧。看看如此孤立和不幸的人在神眼里并不是一钱不值的，可有可无的，神的国度中最卑微的部分就是文明世界处处存在的王国；甚至环绕地的整个范围只不过是他作品的最外在边缘——我说，要记住这一点，并从中学习非常必要的教导。

另外，他虽然赞同少女们的请求，避免让她们两手空空，但他并没有把她们提升到与担负战争义务的男人们同等的层次。对男人，他分给他们产业，作为对他们的英勇战绩的奖赏；对妇女，他分给她们产业，是因为她们的慈善和友好配得，而不是作为侍奉的奖赏。他所用的词清楚地表明了这一点。他说"你要赐给""恩赐"，不是"你要付给""报酬"，后一对词是在我们接受属于自己的东西时使用的，而前者是在我们接受白白给予的东西时使用的。

44. 他就孤女的请求表明了自己的旨意之后，还就继承产业制定了更一般的律法。他首先指定儿子分有父亲的财产，如果没有儿子，就由女儿分得。论到女儿，他的用词是产业要"散布"给她们，似乎它是一种外在的装饰品，而不是由不能剥夺的亲属权得来的财产。因为被散布的东西与它所装点的事物之间没有亲密关系，紧密契合并合一这种观念与它无关。女儿之后，他指定兄弟做第三继承人，指定父亲的兄弟做第四继承人，由此间接暗示了父亲也可以成为儿子的继承人。不然，倘若认为他把侄子的遗产分给叔伯是出于他们与他父亲的关系，却取消父亲本人的继承权，这岂不荒唐。但由于从事物的自然顺序来看，儿子是父亲的继承人，而不是反之，父亲是儿子的继承人，所以他没有提到这种可叹、不祥的可能性，避免父母从对子女夭折的难以安慰的悲痛中受益这种观念。但他确实通过承认叔伯们的权利暗示了这一点；由此他达到了两个目的，既保持了庄重体面，又维护了财产不可流出家族的规定。叔伯之后，排第五位的继承人是最近的亲属。在所有这些情形中，这是神所分产业的第一继承者。

45. 对混合性质的神谕作了必要的阐述之后，我接着要描述那些由先知本人在圣灵启示下陈述的神谕，因为这也是我许诺要讲的一点。关于他被神的灵充满的例子中，第一个例子也是民族繁荣的开端，当时大量百姓离开埃及准备移居叙利亚城。① 男人和妇女一起经过长途跋涉，穿越了漫无边际、渺无路径的旷野，来到了所说的红海之滨。然后他们不可避免地陷入了大难之中，因为没有船只，他们不可能过海，也不认为退回去可得安全。当他们正处于这种进退两难的境地时，更大的灾祸突然临到他们头上。埃及国王带着一支可怕的步兵和骑兵部队，紧紧追赶他们，急切地要追上他们，以便惩治他们离开埃及的行为。其实是他自己在神确凿无疑的告诫下允许他们离去的。但是我们可以清楚地看到，恶人的脾气就是这样不稳定，就像在天平上，一点点相反的理由就使他上下摇晃，左右摆动。他们陷于敌人和大海之间，每个人对自己的安全感到绝望。有些人认为最可悲的死将是一种令人愉快的祝福，另一些人相信被自然元素毁灭比成为敌人的笑料更好，所以打算投海自尽，并在身上绑上重物，坐在岸上等候时机，预备当敌人靠近，近在咫尺的时候，就跳下去，使自己迅速沉到海底。

46. 但是，当他们陷在这些绝望的困境，在死神门前惊慌失措时，先知看到整个民族就像落入大网的鱼一样陷在惊慌之中，就被圣灵充满，忘了自己，说出以下这番默示之话语："你们必感到惊慌。恐惧就在眼前，危险如此巨大。前面是无边无际的大海，没有港口可避难，没有船只可渡海；后面是敌人的军队追赶，日夜兼程地步步紧逼。能转向或游向哪里避难呢？突然之间，所有的事物都从四面八方攻击我们——大地、海洋、人，各种自然元素。然而，鼓起勇气，不要害怕。立稳脚跟，不可动摇。不久它必自我派遣，与你们同在，你们看不见它，它却为你们争战。此前你们不是常常得到它那看不见的保卫吗？我看见它预备争斗了，把绳索套在敌人的脖子上。它把他们拖入大海，他们就像铅

---

① 见《埃及记》第 14 章。

一样沉入海底。① 你们看见他们仍然活着，我却看见他们死了，今天你们还要看见他们的尸体。"

他说的话里应许了他们根本不敢指望的事情。但所经历的事实使他们渐渐发现从天上传下来的真理。他所预言的事靠着神的大能成为现实，尽管比任何寓言更难以置信。我们来描绘这幅景象。海分成两部分，每一部分都向后撤退。裂缝周围的水从海的深处凝结成两面巨型的墙，一条路从中间延伸出来，一条奇异的大道，两边是凝结而成的水墙。以色列人走上这条通道，安全地过了海，就如走在干地上，或者石子铺成的堤道上；因为沙是易碎的，但它分散的颗粒合在一起成了一个整体。敌人马不停蹄地赶来，急匆匆地奔向自己的毁灭。云柱跑到了行路者的后面，引导他们的路，云柱里面是神性的异象，闪烁出火的光芒。然后，那分裂、撤退为他们让路的水又恢复了原状，水墙之间干涸的裂缝突然又变成了海，凝结的墙重新分解倒下，当敌人直冲过来，冲下海里，就像冲进沟壑，他们就遭遇了末日，被波浪吞噬，送进了长眠之地！尸体浮了上来，漂在水面上，这就是末日的明证；最后冲过一阵巨浪，一下子把尸体冲到了对岸堆在一起，这一景象不可避免地被得救者看见，因而凭着神的大能，而不是人的能力，不仅让他们脱离了危险，还让他们看见仇敌受到了难以用言语形容的惩罚。此后，摩西除了诵唱感恩之歌，敬拜恩惠者，还能做什么？他把全民分成两个唱诗班，一个男班，一个女班，他自己领着男班唱，同时委任他姐姐领着女班唱，使两班和谐呼应地向父和造物主高唱赞美之歌，混合着急躁之情②和悦耳之调——急躁是因为急于表现感恩之情，相互比赛；悦耳是因为高音和低音配合协调；男声是低音，女声是高音，当他们按一定比例混

---

① 摘自《出埃及记》15：10 "如铅沉入大水之中"。《出埃及记》15：5 "他们如同石头坠到深处"。

② 或者是"激情"。这意思是说，虽然男人和女人有不同的特性，但在这里暂时完全合一。

合时，就产生美不胜收的悦耳音调。所有这些人，大大小小男男女女，都在摩西劝导下同心合意地同唱一首歌，诉说我上面刚刚提到的那些具有强大威力又不可思议的作为。先知大喜过望，看见百姓也欣喜若狂，再也无法克制自己的喜乐之情，就开始歌唱，全体听众也分成两队与他同唱关于这些作为的故事。①

47. 由此摩西开始并展开了他作为被神的圣灵充满的先知的事业。他接下来的这类话语是关于最基本也最必不可少的东西，即食物的；这食物不是由地所产，因为地贫瘠不长果实，乃是天在黎明之前降下来的，不是只降一次，而是每天降下，降了四十年。这是露水样子的天上之果，像小颗粒。摩西看见它，就吩咐他们把它收起来，并在默示下说："我们必须相信神，因为我们经验过他在更大事情上，我们所不能指望的事上显出他的恩慈。不可把他所降的食物囤积起来。不可把任何部分留到明日。"有些人的敬虔不够坚定，听到这话就想，也许这话并非圣言，只是首领的劝告，所以就把收来的颗粒留到第二天。谁想，它先是腐烂，臭气充满整个营地，然后从腐烂物里生出虫子。摩西看到这事，自然并不可避免地对他们的悖逆大为恼怒——试想，见证了如此众多又如此伟大的奇迹，许多从外在形式看无疑是不可能的事，但凭着神意的安排，轻而易举就成全了，见证了这样的奇事之后，还心存疑惑，而且由于完全没有学习的能力，不仅疑惑，事实上也不相信。不过，父以两件最令人信服的证据确认了先知的话。一个证据他是当下就给的，即凡留起来的，全都腐烂，变味，然后变成虫子，最可憎的活物。另一个证据他是在后来给的，即，众人所收的，不需要的，多余的，就在阳光下分解、融化、消失不见了。

48. 不久之后，摩西发表了第二次受默示的宣告，是关于圣七日的。那日子本性上就具有高贵地位，不仅从世界被造之时起如此，甚

---

① 即"以上所提到的"。其他人认为这意指摩西对他们说的话。

至在天和一切感官感知之物形成之前就如此。然而，人不知道，也许是因为水和火的不断而持续的破坏，后来的世代没有从前人接受关于经年累月中发生之事件的顺序和秩序的记忆。摩西在圣灵默示下，在宣告中显明了这一隐蔽的真理，有一明显的神迹为此作见证。这神迹是这样的：从空中降下的食物刚开始几天比较少，但到了后来的一天成了双倍的；在开头几天，凡留下的都融化、分解，最后完全变成蒸气消失；但在后来那天，它丝毫不变，完全保持原先的样子。摩西听到这些，也亲眼看见这些，肃然起敬，并在与其说是猜测不如说是神差遣的灵的默示之下，宣告了安息日。我几乎无须说，这种猜测非常接近预言。因为若没有圣灵引导人的心灵走向真理本身，它是不可能树立如此正确的目标的。须知，奇迹之大不仅表现在降下双倍的食物，并且与通常相反，一直保持原味，而且还在于这样的事正好发生在第六天，从食物开始从天上降下之日算起的第六日；而随着第六日而来的是最神圣的数字第七日。因而，经过思考，探究者就会发现，从天上降下的食物是世界诞生的一个类比；世界的创造和上述食物的降下都是神在六天中的第一天开始的。对原物的复制是与原物完全一样的；神从虚无中叫出他最完全的作品世界进入存在，同样，他也在旷野唤出丰富，改变各元素以解决情势的迫切需要，因此，不是地为他们产粮，而是气为他们生出食物果腹，而且那些没有机会就供应生活需要进行任何商讨和预备的人，没有付出任何劳作，不花一分力气，就得到食物。

这之后，他说出第三个包含真正惊人意义的预言式宣告。他宣称，在安息日，气不再生产惯常的食物，没有东西像以往那样从天上降到地上，就是最微小的量也没有。结果真的是这样，因为他是在安息日前的那一天预言这一点的，但第二天早上有些缺乏信心的人还去收粮，结果失望而归，满心困惑，同时指责自己的不信，高呼先知是真正的预言家，神的阐释者，唯一对隐藏的将来有预见之恩赐的人。

49.① 这就是他在圣灵默示下关于天上降下粮食之事的宣告，不过，随后还有一些例子需要注意，尽管有人可能会认为它们更像是劝告，而不是神谕。其中有一个命令是在他们大大偏离先祖之道时发布的，这个故事我上面已经说过。当时他们仿效埃及的虚妄，造出金牛犊，组成唱诗班，建起祭坛，拿来牲口作祭，完全忘了真神，抛弃从先祖继承的、由敬虔和圣洁培养出来的高贵品质。看到这些，摩西的心被刺痛了，心想，首先，整个民族不久前还具有高于其他民族的清晰的理智，怎么突然之间全都丧失理智，成为盲目的，其次，一个捏造出来的虚假寓言就能熄灭真理的明亮之光——这真理，无论日食还是众星的陨落，都不能在它身上投下阴影，因为它是靠自己的光照亮的，属理智的，无形体的，感觉之光与之相比，犹如黑暗之于白昼。于是他变成了另一个人，不仅面容变了，心灵也变了，而且充满了圣灵，大声喊着说："有谁没有参与这样的骗局，没有把主的名给予不是主的事物？有这样的人就全站到我身边来。"一个支派在呼召下过来了，不仅身体过来，心灵也完全过来，这些人早已显露出对不敬不虔的作工者的宰杀之意，只是在寻求一位有权力告诉他们何时并如何发动这样的攻击的领袖和统帅。摩西看到他们怒火中烧，充满勇气和决心，就比任何时候更充满圣灵，说："你们各人要拿起自己的刀，冲入整个营房，不仅杀死你们所不认识的人，还要杀死你们的挚友和至亲。摧毁他们，那是为真理和神的荣耀所做的真正公正的行为，是不费吹灰之力就能拥护和捍卫的事业。"于是他们一下子杀了三千名领头不敬的，没有遇到任何抵抗，由此不仅很好地说明他们没有参与无耻的罪行，而且得称为最高贵的英雄，被授予与他们的行为最相配的奖赏，那就是祭司之职。因为看护圣洁的职责应当交给那些勇敢地为圣洁战斗过而且取得成功的人。

---

① 见《出埃及记》第 32 章。

50.① 关于这类话还有一个更为令人瞩目的例子，我要在此提一提。其实前面我在谈论这位先知作为大祭司的能力时已经描述了这一例子。这话也是从他自己嘴里说的，也是在圣灵附体时说的，而且不是很久之后才应验，而是预言一说完就应验了。圣殿的执事有两类，高级的是祭司，低级的是服侍人员。当时，祭司只有三位②，而服侍人员有好几千。后者因为人数上大大多于祭司，就变得傲慢起来，看不起前者人少；这同一个行为里包含了两方面的过犯，一方面企图使位卑者成为位高者，另一方面企图使在上的变成在下的。这就是当臣民攻击首领，从而搞混最有利于共同福祉之秩序时所发生的事。于是，他们密谋，聚集起一大批人，大声抗议先知，声称他把祭司之职交给自己的兄弟和侄子是仗着他们与他的关系，他对他们的提拔作了假证，不是真的在神圣指导下任命的。这些我们前面都已经说过。这大大伤害了摩西，使他感到大为悲哀，他虽是最温和最谦让的人，仍因对邪恶的憎恨之情的激发，变得义愤填膺，于是他请求神把脸从他们的献祭转开；不是说完全公正的审判者会接受不敬者的侍奉，而是因为神所爱之人的灵魂也必须尽自己之职，不能保持沉默，它如此急切地希望恶人不会昌盛，甚至永远不能实现自己的目标。正当他心里热血沸腾，充满义愤的时候，圣灵临到他，他就变为先知，说出如下这番话："不信只能降临到不信者头上。这完全是根据事实，而不是根据话语归类的。教义没有向他们表明的，经验必告诉他们，我没有说谎。这事必由他们稍后的终结之方式来审判。如果他们遭遇的死是通常的自然死亡，那我的神谕就是虚假的捏造，如果是新的异乎寻常的死法，就证明我是不虚妄的。我看见地裂开了，张开了巨大的口子。我看见大批族人毁灭了，房子被拖入裂缝，连同里面的人一起吞噬，活生生的人坠入了阴司。"他一说完这番话，地

---

① 见《民数记》第 16 章。

② 即亚伦、以利亚撒和以他玛。拿答和亚比户的死，或者按斐洛的说法，转化的日子在此之前。

就在一阵可怕的震动中裂开了，而且裂口只在不敬者支起帐篷的地方，于是他们成群地陷了下去，一下子消失不见。因为裂口张开的目的一旦实现，口子就合上了。稍后，霹雳落到二百五十个领头叛乱的人头上，集中毁灭了他们，没有留下一点遗物作埋葬之用。这些惩罚措施紧密相连，两次惩罚又如此壮观，清晰又广泛地确立了先知的敬虔之名，神亲自证明了他所说的话是真理。另外，我们不可不注意，惩罚不敬者的任务也由地和天这两种宇宙的基本部分共同参与。因为他们把自己邪恶的根确立在地上，同时让它大大生长，一直向上抵达天上的以太。因此，这两种元素分别提供各自的惩罚措施：地裂开口子把那些对它已经成为一种负担的人拖进去，吞噬他们；天降下最奇异的暴风雨，一大团火，把他们毁灭在火焰里。不论他们是被地吞噬，还是被霹雳摧毁，结果都是一样的：两群人永远也看不见了，前者陷入地缝里，裂缝合上，恢复原先的样子，后者被霹雳发出的火焰完全彻底地烧毁。

51. 后来，时候到了，他得把自己的行程从地上转到天上，使他必朽坏的生命成为不朽坏，因为父在那里召他，把他的灵魂和身体的双重本性融合为一体，把他的整个存在转化为心灵，如阳光般纯洁。说实在的，那时我们看到他被圣灵充满，不再说关于整个民族的普遍性真理，而是预言每个支派的将来要出现、以后要实现的具体事情。有些事已经发生，有些仍在期待之中；过去已经应验的事确保对将来之事的信心。出身如此迥异的人，尤其是在母亲一边的出身，思想、目标如此丰富，行为和生活习惯又如此独特的人，完全应当领受适当的神谕和默示的话语，作为一种遗产。这已是奇异之事，然而更奇异的是《圣经》的结论，它坚持认为整部律法书就是生命造物的头。当他已经被提升，站在那门口，预备一有信号就飞到天上，此时圣灵又临到他头上，他就在还有一口气的时候清晰地预言了自己的死，在未终结之前说明结局怎样到来；预言他被葬时，没有人在场，并且他不是靠人手，乃是靠不朽之权能埋葬；说他不会安放在他先祖的坟墓里安息，而要交给特别荣耀的纪念碑，那是从未有人见过的；还说全国上下都为他哀叹流泪整整一个月，不论在家里，在外面，都要为他哀哭，纪念他对每个人及所有人的慈爱和悉心关怀。

如《圣经》里所记载的，这就是摩西作为王、立法者、大祭司和先知的生平。

译名对照表

A

Abraham，亚伯拉罕

Abram，亚伯兰

Alexandria，亚历山大里亚

Antony，安东尼

Astrology，占星术

B

Babylonia，巴比伦尼亚

Benjamin，便雅悯

C

Canaan，迦南

Chaldean，迦勒底语

Cleopatra，克利奥帕特拉

Coelesyria，科勒叙利亚

Corinth，科林斯

Croesus，克罗伊斯

D

Dionysius，狄奥尼修

E

Enoch，以诺

Enos，以挪士

Euphrates，幼发拉底河

G

Gymnosophist，天衣派信徒

H

Haran，哈兰

Homer，荷马

Hope，盼望/希望

I

India，印度

Intelligible，可理知的

Invisible，无形体的

Issac，以撒

J

Jacob，雅各

Joseph，约瑟

Justice，公正

L

Law，律法

Lydia，吕底亚

M

Macedonian，马其顿人

Memphis，孟菲斯

Mesopotamia，美索不达米亚

Moses，摩西

N

Nature of Law，Antony，安东尼

Nature of Law，自然法

Nature，自然

Noah，挪亚

P

Palestinian，巴勒斯坦

Parthian，帕提亚人

Persian，波斯人

Pharos，法罗斯

Philadelphus，斐拉德夫

Phoenicia，腓尼基

Piety，敬虔

Providence，神意

Ptolemy，托勒密

R

Reality，实在

Reason，理性

Repentance，悔罪

S

Sarah，撒拉

Sodomites，所多玛

Syria，叙利亚

U

Understanding，理解力

Unwritten Law，非成文律法

V

Virtue，美德

Visible，有形体的

W

Written Law，成文律法

Z

Zelophehad，西罗非哈